MANUAL
DE DIREITO COMERCIAL ANGOLANO

VOLUME III

JOAQUIM DIAS MARQUES DE OLIVEIRA

Doutor e Mestre em Direito pela Universidade de Lisboa
Professor Associado da Faculdade de Direito da Universidade Agostinho Neto

MANUAL DE DIREITO COMERCIAL ANGOLANO

VOLUME III

LIÇÕES DE DIREITO COMERCIAL E LEGISLAÇÃO COMERCIAL

LEI DA PROPRIEDADE INDUSTRIAL
LEI DAS ACTIVIDADES COMERCIAIS
LEI UNIFORME RELATIVA A LETRAS E LIVRANÇAS
LEI UNIFORME RELATIVA AO CHEQUE

MANUAL DE DIREITO COMERCIAL ANGOLANO

AUTOR

JOAQUIM DIAS MARQUES DE OLIVEIRA

CEFOLex
Av. 4 de Fevereiro, n.º 82, 1.º Andar, n.º 1
Luanda

IMPRESSÃO | ACABAMENTO
PAPELMUNDE, SMG, LDA.
V. N. de Famalicão

Outubro, 2012
DEPÓSITO LEGAL
299005/09

Os dados e as opiniões inseridos na presente publicação
são da exclusiva responsabilidade do(s) seu(s) autor(es).

Toda a reprodução desta obra, por fotocópia ou outro qualquer
processo, sem prévia autorização escrita do Editor, é ilícita
e passível de procedimento judicial contra o infractor.

Biblioteca Nacional de Portugal – Catalogação na Publicação

OLIVEIRA, Joaquim Marques de

Manual de direito comercial angolano. -   v. .- (CEFOLEX)
3º v. : Lições de direito comercial e legislação comercial,
lei da propriedade industrial. -   p.
ISBN 978-972-40-4971-7

CDU 347

PREFÁCIO

Com a publicação do Volume III do Manual de Direito Comercial Angolano, o Professor Joaquim Dias Marques de Oliveira conclui a trilogia iniciada com o Volume I do Manual Direito Comercial Angolano, em 2009; ao que se seguiu o Volume II em 2011. O curto trecho temporal que separa as três obras – desde a publicação do primeiro volume em Novembro de 2009 à finalização do presente III Volume da trilogia distam (apenas) 32 meses – revelam bem o árduo labor doutrinário e a determinação do autor em lançar contributos inestimáveis para a compreensão do regime jurídico de institutos que integram o Direito comercial angolano.

Com efeito, a trilogia do *Manual de Direito Comercial Angolano* revela-se um importante contributo para a edificação de uma dogmática nacional do *direito comercial*, quer na perspectiva prático-didáctica do direito comercial para os empresários, empresas e outros intervenientes como os conservadores, notários e funcionários, nomeadamente dos guichés dedicados às empresas e empreendedores (o GUE e o BUE); quer na perspectiva académica ou mesmo na depuração das soluções legislativas adoptadas ou mesmo a adoptar no hodierno contexto de economia de mercado no qual os empresários e empresas angolanas laboram, integrados num cada vez mais intenso movimento de diversificação, globalização, internacionalização; crescimento da economia e a intensificação e sofisticação do tráfego jurídico originados tanto pela presença de novos actores nacionais e internacionais, que pela natureza das suas necessidades a novos problemas, colocam o Direito em diálogo com novas necessidades de respostas.

Neste último da trilogia, o Volume III, o Professor Marques de Oliveira mantém a coerência didáctica cujo timbre nos anunciou desde logo no Volume I da Trilogia: a obra é estruturada em Lições de Direito Comercial e em anexo às mesmas é feita a publicação da legislação objecto das lições. Se na Parte I, a preocupação incidia nos aspectos da organização

– registal e contabilística – mercantil, a Parte II gira-se em torno de aspectos da dinâmica da actividade comercial propriamente dita.

Desta feita, na Parte I dedicada às Lições de Direito Comercial, o autor explana as *obrigações especiais dos comerciantes* decorrentes do Código Comercial. Nesta sede, o autor traz a colação alguns dos temas cardeais da organização da vida do comerciante como o registo comercial, a escrituração comercial, o balanço e contas. Temas esses que tratados de modo acessível e prático não deixam de sublinhar a profunda essencialidade que esses temas assumem na vida iniciativa empresarial tanto ao nível do empreendedorismo como ao nível do apoio à criação de micro, pequenas e médias empresas.

A Parte II do volume é dedicada à propriedade comercial (o estabelecimento comercial, os títulos de crédito mercantis e os direitos de propriedade industrial). O estudo destas realidades jurídicas do estabelecimento e das figuras nas quais o mesmo se declina (sucursais, filiais, agências e outras formas de representação) e das novas formas de comércio e de organização mobiliária dos comerciantes; os títulos de crédito mercantis; e os direitos de propriedade industrial revelam uma clara atenção do Professor Marques de Oliveira a problemáticas actuais que se configuram determinantes nas relações jurídicas do comerciante/empresa; às configurações jurídicas dos instrumentos que permitem às empresas a cobertura de operações financeiras.

A propósito de direitos de propriedade industrial, não podemos deixar de fazer um sublinhado de actualidade. Por feliz coincidência, a propriedade industrial é tratada no momento em que se conhece o desfecho de uma batalha jurídica entre dois colossos internacionais no fabrico e comercialização de telemóveis – a Apple e a Samsung – torno de questões de propriedade industrial. Não sabemos que consequências futuras resultarão de batalha jurídica mas o confronto judicial demonstra a importância do conhecimento aprofundado de instrumentos de protecção da criação, da inovação e do empreendedorismo. Cabe assim aos nossos empresários fazer uso dos instrumentos jurídicos ao seu dispor para a protecção de direitos qu ganham grande relevância no actual contexto de concorrência e grande alteração de paradigmas técnicos e tecnológicos.

Finalmente, uma palavra de apreço mais pessoal. Para além da qualidade académica que assume no nosso panorama científico, julgo oportuno sublinhar a lição de vida que o Professor Marques de Oliveira nos deixa no seu breve testemunho logo na *Nota de Apresentação*. Todos nós, os mais novos e mesmo aos mais graúdos, fica a importante lição de paixão e dedicação à academia: a determinação do homem e do académico em terminar a obra e deixar o seu contributo para o debate, para o questionamento, para a compreensão de importantes institutos jurídicos não foi travada pelas vicissitudes de um episódio de AVC.

Perante tal testemunho inestimável, creio poder afirmar que se o sonho comanda a vida, a paixão revela-lhe o sentido. E com esta obra concluída depois de tais circunstâncias, o Professor Marques de Oliveira revelou o sentido de dedicação à Ciência do Direito e ao ensino: não deixar vocação a meio, mesmo quando pensamos nas demais urgências da vida.

Luanda, 28 de Agosto 2012

CARLOS MARIA FEIJO
Doutor em Direito
Professor Titular da Faculdade de Direito da Universidade de Angola

NOTA DE APRESENTAÇÃO

O Volume III do Manual de Direito Comercial Angolano é fruto da minha actividade docente na área das ciências jurídico-empresariais e que engloba o ensino das disciplinas de direito comercial e direito das sociedades comerciais.

O direito comercial é cada vez mais aplicado por gente de todos os domínios profissionais. Com efeito, nos dias de hoje, advogados, jurisconsultos, juízes, conservadores, notários, economistas, gestores de empresas, contabilistas, e os consumidores na sua generalidade, recorrem diariamente ao direito comercial para conhecerem os seus direitos e obrigações.

Por essa razão, *o direito comercial*, com esta denominação, ou revestida de uma outra também usual nas escolas de economia, *direito empresarial*, afirma-se como uma disciplina de estudo incontornável não apenas nos planos curriculares dos cursos de direito, como também nas licenciaturas e pós-graduações de gestão de empresas, gestão de recursos humanos, economia, contabilidade, entre outras.

O Volume III do Manual de Direito Comercial Angolano vem complementar as matérias publicadas no Volume I, e no Volume II do Manual do Direito Comercial Angolano que publiquei com Edição da CEFOLEX e da ALMEDINA em Novembro de 2009, e em Março de 2011, completando assim a trilogia dos Manuais de Direito Comercial Angolano e enquadra-se na linha lógica do reforço da bibliografia angolana da disciplina de Direito Comercial ministrada nos diversos cursos das Escolas Públicas e Privadas do País.

O Volume III do Manual de Direito Comercial Angolano divide-se em duas partes: A primeira Parte trata das lições de Direito Comercial que ao longo de mais de quinze anos venho sucessivamente regendo e leccionando, quer em Portugal na Universidade Lusófona de Humanidades e Tecnologias em Lisboa, quer em Angola na Universidade Agostinho

Neto, na Universidade Católica de Angola em Luanda, e na Universidade 11 de Novembro em Cabinda.

A segunda parte contém a título de anexo a legislação comercial pertinente – *a Lei da Propriedade Industrial, a Lei das Actividades Comerciais, a lei uniforme de letras e livranças, e a lei uniforme relativa aos cheques –*, por estar directamente relacionada e por isso fundamentar juridicamente as lições de Direito Comercial contidas neste Volume.

Ao escrever este livro tive sempre em mente o objectivo de elaborar uma redacção que, sem cedências de natureza científica e com o rigor universitário adequado, se afigurasse acessível a todos os leitores interessados, que não fazendo do comércio profissão, necessitam de o aplicar com regularidade. Reconheço que a complexidade técnica de algumas disposições legais, não tornaram esta tarefa sempre fácil.

Assim se compreende o tom didáctico de que se reveste o livro e que lhe é transversalmente manifesto.

Assim se percebe o propósito que justificou a elaboração deste trabalho: O intuito de facultar ao corpo discente o acesso a elementos básicos de estudo do Direito Comercial, e que possa também ser um contributo válido para quem, por qualquer forma, tenha de conhecer algo sobre a vida mercantil.

Com a elaboração e publicação do III Volume do Manual de Direito Comercial cumpro um velho desígnio que perseguia há mais de doze anos, o de ver concluída a trilogia das lições de direito comercial sustentadas com a legislação pertinente e actualizada que permitirá aos docentes e discentes a necessária compreensão das matérias básicas da disciplina. Com esta publicação vejo assim cumprido também um dos meus principais deveres enquanto professor de direito. "É dever do professor proporcionar "lições" escritas aos alunos. Este dever, (o de publicar lições de direito comercial angolano), no caso da Faculdade de direito da Universidade Agostinho Neto, e por arrasto nas demais Faculdades de Direito das restantes Universidades públicas e também das Universidades privadas mais se faz sentir quando as obras e as lições de direito comercial disponibilizados aos alunos se mostram manifestamente descontextualizados por se referirem ao ordenamento jurídico português. Foi por essa razão que desde que comecei a ministrar a disciplina na Universidade Católica de Angola me propus à tarefa honrosa de escrever as lições de direito comercial angolano sustentadas na legislação comercial angolana. Iniciei este projecto em Setembro de 2009 escrevendo e publicando pelas Edições Almedina e Cefolex o Volume I. Prossegui esta nobre tarefa empe-

Nota de Apresentação

nhando-me com o maior afinco e publiquei um ano e meio depois, mais concretamente em Março de 2011 o Volume II. Continuei empenhado em escrever as lições, e faltava-me apenas o III Volume. Em Janeiro de 2011 firmei o propósito de logo nesse ano concluir o projecto com a publicação do III Volume de Direito Comercial. Lamentavelmente quando a obra ia a meio caí doente. Na sequência de três sucessivas operações à cabeça para debelar um coágulo que se instalara no seio lateral esquerdo do meu cérebro, provocado por um Acidente Vascular Cerebral, que acabara por correr mal, e fiquei em estado de coma durante 37 dias. A cirurgia tinha uma percentagem de sucesso de 99%. Lamentavelmente eu caí dentro do irrisório 1% de insucesso. Rebentou-se-me uma veia, tive uma hemorragia cerebral e formou-se um hematoma grandíssimo no lado esquerdo do cérebro que me pôs à beira da morte. Foi uma autêntica batalha titânica contra a morte que tive que travar e que no final pude vencer com a ajuda dos médicos, destes cabendo destacar o profundo profissionalismo, e competência do meu médico neurologista, Dr. Mário Miguel Rosa e os neurocirurgiões Dra. Maria Manuel, Dr. Alexandre e Dr. Migueis ambos da equipe do Professor Doutor Lobo Antunes e dos enfermeiros e auxiliares de acção médica do piso 9 do H.S.M.. A permanente dedicação da minha família nuclear, a minha mulher e filhos ao que se juntaram os meus irmãos Nini e Tony, os meus primos e primas Francisco José da Costa; Filomena Costa; Violante Costa; Ermelinda Costa; Maria da Glória Costa; António Benjamim; Filomeno Octávio; Fatinha Pais Dias e Filipe Pais Dias; Mimi Escórcio e Zezé Escórcio; os meus cunhados, Nelo Tristão, Eduardo Baptista, Carlos Santos, Victor Fernandes, Bebe, São, Tré, Catarina, Imaculada e Alcides; os meus amigos (irmãos) João Custódio da Costa; António Domingos João; João Fernandes e esposa, Dra. Lourdes; João Bernardo de Miranda e Manuel Pinto de Abreu, fizeram o resto. Estando internado no SO do Hospital Santa Maria em Lisboa, contrai sucessivamente diversas infecções e outras contrariedades hospitalares, desde duas meningites de espécie diferentes, passando por paragens respiratórias, duas taquicardias, e terminando por uma epilepsia. A tudo fui sobrevivendo sob o olhar sereno do meu querido Paizinho que desde o Céu pedia certamente a Deus que mantivesse o filho por mais tempo em terra, até Deus Nosso Senhor que ouvindo as preces dos meus queridos sogros, Manuel e Ana Tristão, e do meu médico neurologista, Dr. Mário Miguel Rosa, que aproveitando uma viagem de turismo à Terra Santa foi de propósito ao muro das lamentações pedir pelo seu paciente e amigo. Enfim, decorridos 37 dias quando já poucos acreditavam, deu-se o primeiro milagre. Abri os olhos, reconheci o meu filho mais novo, comecei a conversar com ele e dei os primeiros sinais aos médicos de que iria sobreviver. Sucederam-se dias difíceis. Primeiro completamente imobilizado, permanecia deitado na cama sem mover sequer o pescoço, depois, paulatinamente comecei a mover o pescoço depois a cabeça, a seguir o membro superior direito e finalmente o membro inferior direito.

Deram-me alta, vim para casa e logo depois tive a primeira grande manifestação de solidariedade de um grande amigo e colega, o Embaixador de Angola em Portugal, Professor Doutor José Marcos Barrica que pessoalmente se deslocou a minha casa com o seu staff para me fazerem uma visita de conforto, solidariedade e grande apoio moral. Foi a primeira de muitas manifestações de outras que se seguiram de colegas e amigos, que guardo e guardarei sempre com especial carinho pelo afecto que nos une, cumprindo destacar de entre outros, o Ministro de Estado e Chefe da Casa Civil da Presidência da República de Angola, Professor Doutor Carlos Feijó; o Secretário de Estado das Relações Exteriores para a esfera política Manuel Augusto; o Director do Gabinete do Presidente da República de Angola, Dr. Nito Cunha, o Embaixador Hélder Lucas, Representante de Angola junto da CPLP; a Ministra da Justiça Dra. Guilhermina Prata; a Embaixadora de Angola na Áustria, Dra. Maria de Jesus Ferreira; o Professor Doutor Marcelo Rebelo de Sousa; o Professor Doutor Eduardo Vera Cruz Pinto, Director da Faculdade de Direito da Universidade de Lisboa; o Professor Mestre Carlos Teixeira, Director em exercício e Presidente do Conselho Científico da Faculdade de Direito da Universidade Agostinho Neto; o Professor Doutor Dário Moura Vicente; o Professor Doutor Aldino Campos; o Dr. Paulo Neves Coelho; o Representante da TAAG em Portugal e em Espanha, Dr. Virgílio Dolberth e Costa; o Chefe de Escala da TAAG em Lisboa, João Bastos; o Ministro Conselheiro Rui Xavier e o Adido Cultural da Embaixada de Angola em Portugal Dr. Estevão Alberto; o Vice-Almirante e meu querido primo Manuel Sieta; o Vice-Almirante Martinho António; o Eng.º Nelito; o Doutor José Januário; o Eng.º Salustiano; o Vice-Almirante Joaquim Bamby; o Eng.º Moreira; as minhas estimadas amigas Tá Belo; Nena; Manuela; Ema; Tita; Paula Brás e o seu esposo, meu Xará Quim; a minha prezada colega e amiga Dra. Teresa Pinto e a sua simpática filha; os meus tão prestativos vizinhos, em especial o Sr. Pedro, proprietário do Café "Paloco", e Any, Cabeleireira; Kedir; e os meus amigos de infância, Rosário da Paixão Vieira Lopes "Gimgibre"; Edgar Augusto Brandão Gaspar Martins "Lolo"; Manico Andrade e Russo Leonel Correia.

Nota de Apresentação 13

Em Setembro de 2011 depois de uma consulta de avaliação fui internado no Centro de Medicina de Reabilitação Física de Alcoitão. A dedicação e elevada competência dos médicos, enfermeiros, terapeutas e auxiliares de acção médica e de fisioterapia dessa excelente Instituição, ao que se juntou a continuidade da extrema dedicação, carinho e amor que os familiares, em especial a minha Fatimuchica e os meus filhos e netos, fizeram outro milagre. O segundo depois de ter sobrevivido. Fui para Alcoitão imobilizado e com uma hemiparegia, só movendo os membros superior e inferior direito, passados dois meses, já andava de cadeira de rodas, e passados três meses, tive alta, fui para casa e quinze dias depois deixei a cadeira de rodas. Em Fevereiro de 2012 comecei a andar com um bastão e em Março já conseguia andar em casa sem qualquer auxiliar de marcha. Em Março fiz uma TAC – Tomografia Computorizada que surpreendentemente revelou que o coágulo tinha desaparecido, e o meu cérebro estava intacto. Ou seja outro grande milagre. Em 1000 casos semelhantes, com um hematoma de semelhante dimensão, a probabilidade de regeneração das células do cérebro e da reabilitação da actividade intelectual são de 1000 para 0,5% e eu caí dentro desse 0,5%. É caso para dizer que Deus Nosso Senhor acabou por me conceder o que eu tinha antes perdido. Primeiro, em 100 operações do género a probabilidade de correr mal era de 1% e eu caí dentro desse 1%. Depois, quando foi para reabilitar e recuperar as células as probabilidades eram de 0,5% em 1000 e eu caí dentro do 0,5%.

Em Abril de 2012 decidi retomar a escrita do III Volume do Manual de Direito Comercial Angolano, e hoje, dia 25 de Julho de 2012, dia em que eu e a minha mulher comemoramos 31 anos de casados, conclui a obra. É a minha prenda de anos de casados que dei a mim mesmo e à minha querida e dedicada esposa. O III Volume depois destas vicissitudes todas está finalmente concluído, e com ele está concluída a trilogia dos Manuais de Direito Comercial Angolano e realizado o meu velho sonho de escrever completamente as lições de direito Comercial Angolano sustentadas com a legislação comercial angolana pertinente para substituir definitivamente as lições e as obras do direito comercial português.

Uma academia só é independente e autónoma quando os seus planos curriculares e as suas lições são independentes e autónomas. Sempre perfilhei a ideia que continuo a defender que o direito português enquanto direito comparado, direi mesmo, o principal direito comparado, porque é a principal fonte do direito angolano, é indispensável à consulta e ao estudo pormenorizado dos distintos institutos jurídicos das diferentes disciplinas que compõem o curso de direito em Angola, mas também sempre defendi que o direito e as lições do direito português devem constituir um instrumento didáctico de auxílio, de apoio ao estudo das disciplinas do curso de direito e às lições e do direito angolano que devem ser autónomas.

Com a publicação do I, II, e agora do III Volume do Manual do direito comercial angolano, fico com a minha consciência apaziguada pela certeza do dever cumprido. Para isso, muito contribuíram as pessoas que tanto me apoiaram nessa empreitada académica sobretudo na fase da minha doença, e que sempre acreditaram na minha recuperação. A esses, que já atrás enunciei, cuidei de não defraudar.

E explico porquê. Primeiro, porque em Junho, após autorização do médico, pude deslocar-me a Luanda, e assim retomar as minhas activi-dades no âmbito dos trabalhos preparatórios para a delimitação das fron-teiras marítimas ao norte. Segundo, porque pude retomar a redacção da Obra do III Volume que deixara em suspenso e hoje mesmo concluir. Estamos assim de parabéns, eu e os que sempre acreditaram que eu seria capaz de recuperar a minha vida normal. Estão assim defraudados aque-les que admitiram e deram como certo que eu estava acabado para a vida intelectual activa. Aos primeiros agradeço. Aos segundos entrego a Deus o tratamento devido.

Ao Professor Doutor Carlos Maria Feijó por pertencer aos primei-ros, pedi-lhe que prefaciasse esta obra, e por ter aceitado, deixo-lhe aqui os meus agradecimentos.

A concluir só me resta deixar expressos os votos de que esta minha iniciativa, enquanto manifestação do meu mais vivo empenho no projecto educativo e científico do meu País, venha a revelar utilidade.

Lisboa, 25 de Julho de 2012

MARQUES DE OLIVEIRA

PARTE I

AS OBRIGAÇÕES ESPECIAIS
DOS COMERCIANTES

CAPÍTULO I

As Obrigações especiais dos comerciantes

As obrigações especiais dos comerciantes vêm consignadas no artigo 18.º do Código Comercial, que estabelece o seguinte:

Os comerciantes são especialmente obrigados:

1.º A adoptar uma firma;
2.º A ter escrituração mercantil;
3.º A fazer inscrever no registo comercial os Actos a ele sujeitos;
4.º A dar balanço e a prestar contas.

Estas obrigações que impendem sobre os comerciantes, são os meios de que a lei se serve para garantir o exercício do comércio em condições de equilíbrio e segurança.

Os fins primários que o legislador pretende atingir com a observância dessas obrigações são essencialmente três:

a) Distinguir claramente os comerciantes uns dos outros, bem assim como os seus estabelecimentos e os seus produtos;
   (Isso consegue-se pela regulamentação da firma, nome do estabelecimento, marcas, etc.)

b) Dar a conhecer, em qualquer momento, a situação económica e financeira do comerciante, e fazer prova das suas operações.
   (Isso consegue-se por meio da escrituração, balanço e contas.)

c) Dar publicidade a certos Actos importantes que podem influir na vida mercantil dos comerciantes.
   (Isso consegue-se por meio do registo comercial).

Seria absolutamente errado entender-se que, destas obrigações especiais impostas pelo legislador aos comerciantes, resultaria apenas uma vantagem para as relações comerciais em geral, uma garantia para o exercício da actividade mercantil.

É que de facto, dessas obrigações especiais exigidas aos comerciantes, previstas no artigo 18.º do Código Comercial, derivam igualmente benefícios directos e imediatos para todo os comerciantes em particular, como sejam o de poderem apreciar, através da escrituração comercial, a situação financeira do seu estabelecimento, ou o de poderem acreditar o seu nome, e torna-lo conhecido através duma firma que qualquer outro comerciante não pode usar.

É pois desta matéria, das obrigações especiais dos comerciantes que nos ocuparemos neste Capítulo, subordinado à epígrafe "Obrigações especiais dos comerciantes".

Seguindo a ordem porque estão enunciadas as obrigações especiais dos comerciantes no artigo 18.º, a primeira obrigação que cumpre estudar é a Firma.

O estudo da firma foi exaustivamente feito no Manual do Direito Comercial Angolano Volume II, pelo que para lá se remete[1], reservando aqui, face à importância de que se revestem essas matérias, apenas ao (re) estudo algo resumido de dois aspectos cruciais da Firma, a saber,

a) A sua definição e justificação, e;
b) Caracteres e vantagens do seu registo.

a) Definição e justificação da Firma

A Firma individualiza a pessoa do comerciante. É, pois o nome com que o comerciante singular, ou colectivo exerce o seu comércio.

Com esse nome o comerciante deve agir em toda a órbita da sua exploração mercantil, celebrando as suas transacções, assinando os respectivos contratos, documentos, subscrevendo a sua mais diversa correspondência. A Lei 6/03 de 3 de Março manteve inalterável o texto do artigo 19.º do Código Comercial que sob a epígrafe "Função da firma", estabelece o seguinte:

Todo o comerciante, nos termos do artigo 13.º deste Código, será designado, no exercício do seu comércio, sob um nome comercial, que constitui a sua firma, e com ele assinará todos os documentos àquele respectivos.

A razão da necessidade e da obrigatoriedade da firma é facilmente compreensível. Vejamos porquê. Na vida civil, cada indivíduo é sempre designado por um nome que o identifica; e é de notar a cautela, o rigor

---

[1] Joaquim Dias Marques de Oliveira "Manual de Direito Comercial Angolano" Vol. II. CEFOLEX, Lisboa Março de 2011 pág. 53-66.

com que a lei regula a instituição do Registo Civil. A todo o ser humano, pouco tempo após o seu nascimento, deve ser logo atribuído um nome próprio ao qual se juntam os apelidos dos pais.[2]

Ora se assim ocorre na vida civil, é mais do que compreensível que também se passe o mesmo na vida mercantil, isto é, que haja igual necessidade na vida comercial de as pessoas que exercem o comércio, isto é, os comerciantes se identificarem. Neste caso, no caso dos comerciantes, o nome pode até representar um importante valor económico, pois mercê das qualidades técnicas do comerciante, das suas apetências e intuição natural para o exercício da actividade comercial, ao que acrescem as características de honradez e fino trato que são peculiares do negócio, pode bem formar-se à volta do seu nome comercial uma auréola de prestígio que, muitas vezes, vale bem mais do que o dinheiro para capitalizar clientela e realizar óptimos negócios, por se traduzir numa confiança sólida que o mercado em geral confere ao nome do comerciante e que se traduz, em facilidades de crédito, multiplicidades de transacções e outros benefícios mais.

Pelo que ficou dito se compreende que a firma, embora constitua uma obrigação para o comerciante, é do maior interesse para ele próprio, visto que individualiza a sua personalidade comercial.

b) Caracteres da Firma e vantagens do seu registo

O estudo desta matéria foi exaustivamente feito no Vol. II do Manual de Direito Comercial Angolano, como antes se disse, pelo que aqui nos vamos restringir a abordar o essencial.

Podemos distinguir três tipos de "Firmas"

1. Firma nome: é formada pelo nome de um ou mais sócios;
2. Firma denominação: é formada com uma expressão relativa ao ramo de actividade comercial;

---

[2] O Código Civil regula o direito ao nome no artigo 72.º , consagrando o seguinte:

"1. Toda a pessoa tem o direito de usar o seu nome, completo ou abreviado, e opor--se a que outrem o use ilicitamente para a sua identificação ou outros fins;

2. O titular do nome não pode todavia, especialmente no exercício da sua actividade profissional, usá-lo de modo a prejudicar os interesses de quem tiver nome total ou parcialmente idêntico; nestes casos, o tribunal decretará as providências que, segundo jurízos de equidade melhor conciliem os interesses em conflito".

3. Firma mista: é formada com ambos os elementos anteriores, isto é, com o nome de um ou de mais sócios e com referência ao ramo da actividade comercial.

A atribuição da firma ao comerciante está sujeita à observância dos princípios da verdade, da novidade e da unidade, tal como igualmente se estudou no Volume II do Manual de Direito Comercial Angolano[3].
A Firma tem os seguintes caracteres essenciais:

1. Obrigatoriedade; que já antes se disse em que consiste;
2. Verdade: porquanto deve dar a conhecer, com o legitimo direito ao uso da firma ao público a pessoa ou pessoas (indivíduos) que exercem o comércio explorado, por forma a corresponder a situação real do comerciante não podendo conter elementos susceptíveis de provocar confusão.
3. Exclusivismo: o carácter exclusivista da firma está igualmente patente na lei e significa que qualquer comerciante com o legitimo direito ao uso da sua "firma" pode impedir que outrem adopte uma igual ou tão semelhante que se preste a confusão[4]. A "Firma" que o comerciante adoptou deve ser por isso mesmo distinta de todas quantas se achem registadas (princípio da novidade).
4. Unidade: Os empresários individuais ou colectivos devem usar uma única «Firma».

Revista a matéria relativa à Firma, procede-se nos capítulos seguintes ao estudo das restantes obrigações especiais dos comerciantes previstas no artigo 18.º do Código Comercial, começando pelo estudo do Registo comercial.

---

[3] Joaquim Dias Marques de Oliveira "Manual de Direito Comercial Angolano" Vol. II. CEFOLEX, Lisboa Março de 2011 pág. 61-63.
[4] Artigo 28.º do Código Comercial *"O uso ilegal de uma firma de comércio dá direitos aos interessados a exigir a proibição de tal uso, e a indemnização por perdas e danos, além da acção criminal, se a ela houver lugar."*

CAPÍTULO II

Registo Comercial

1. A Importância do registo comercial.

A importância do registo comercial resulta do facto do registo conferir publicidade à qualidade de comerciante das pessoas singulares e colectivas, bem como a certos e determinados actos que se reflectem na vida quotidiana dos comerciantes.

Com efeito, o crédito nos dias de hoje vem assumindo cada vez mais uma importância determinante de toda a actividade mercantil. E a palavra crédito assume aqui uma acepção muito mais ampla do que o habitual estrito significado de adiantamento de capitais, ou concessão de prazos mais alargados de pagamentos de empréstimos, traduzindo também um conceito de "confiança" nas relações comerciais.

Embora as relações mercantis dos comerciantes e destes com o público em geral assentem na confiança recíproca, a verdade é que é sempre necessário tomarem-se determinadas precauções, e as pessoas têm no geral, necessidade de saber com quem contratam, e quais as garantias que são oferecidas para o cumprimento das obrigações contratuais.

Assim se compreende a importância do Instituto do registo comercial. Importa porém acentuar que sendo certo que o registo surgiu historicamente para proteger as pessoas que celebram contrato com comerciantes, deve hoje em dia acentuar-se, também, o facto do registo favorecer significativamente os comerciantes. Desde logo, porque a publicidade, por si só, inspirando bastante confiança, oferece ela mesmo garantias adicionais, o que em última análise contribui, decisivamente, para o desenvolvimento do crédito. Acresce a isso, a protecção que a lei concede ao uso da firma, matéria referenciada no Volume I[5], e estudada com a devida relevância no Volume II[6].

2. Organização e Âmbito do Registo Comercial.

A organização e o âmbito do Registo Comercial encontram-se actualmente regulados por alguns diplomas fundamentais: – O Código do Notariado, o Decreto – Lei n.º 42644 de 14 de Novembro de 1959 que aprovou o Código do Registo Comercial, o Regulamento do Registo Comercial e a Lei 1/97 de 17 de Janeiro, Lei da Simplificação e Modernização dos Registos Predial, Comercial e Serviço Notarial.

Os órgãos especialmente encarregados para efectuar os serviços de registo comercial denominam-se Conservatórias do Registo Comercial (artigo 1.º do Regulamento do Código do Registo Comercial).

"O Registo Comercial compreende":

a) a matrícula dos comerciantes em nome individual, das sociedades, das empresas estatais, das cooperativas especialmente sujeitas a registo e dos navios mercantes;

b) A inscrição dos factos jurídicos que dizem respeito às entidades referidas no número anterior e os respectivos averbamentos;

c) O depósito de documentos;

d) As publicações legais.

Em cada Conservatória existe um Livro Diário e de registos de emolumentos. Para além deste Livro de Registos a Conservatória possui também fichas e pastas para depósito dos documentos.[7]

Os registos são efectuados a pedido dos próprios, dos interessados, ou dos seus representantes (procuradores, advogados ou solicitadores)[8].

A cada pessoa singular ou colectiva, corresponde uma pasta onde são depositados todos os documentos respeitantes a actos sujeitos a

---

[5] Joaquim Dias Marques de Oliveira, "Manual de Direito Comercial Angolano" Volume I, Edição CEFOLEX, Lisboa, Setembro de 2009, p. 90-92.

[6] Joaquim Dias Marques de Oliveira, "Manual de Direito Comercial Angolano" Volume II, Edição CEFOLEX, Lisboa, Março de 2011, p. 55-66.

[7] Artigo 146.º n.º 1 da Lei 1/97 de 17 de Janeiro "Lei da Simplificação e Modernização do Registo Predial, Comercial, e Serviço Notarial".

[8] Artigo 142.º n.º 1 da Lei 1/97 de 17 de Janeiro "Lei da Simplificação e Modernização do Registo Predial, Comercial, e Serviço Notarial".

registo, e as respectivas fichas (que se destinam à matrícula, inscrição de factos, averbamentos e anotações).

A importância deste depósito é de tal ordem que nenhum acto sujeito a registo poderá ser lavrado sem que se encontrem depositados os respectivos documentos na pasta própria.[9]

3. A Matrícula dos Comerciantes em Nome Individual e das Sociedades Comerciais

A matrícula é, praticamente, o registo da firma do comerciante, do mesmo modo que a matrícula do navio é, praticamente, o registo da sua denominação.

É através da matrícula que se identifica o comerciante ou a sociedade comercial.

A matrícula constitui um dos actos componentes essenciais do registo comercial. A matrícula das sociedades comerciais é obrigatória assim como a matrícula dos navios[10],

A matrícula dos comerciantes em nome individual, pelo contrário, é facultativa. Há uma diferença substancial quanto aos efeitos que a lei atribui ao registo dos comerciantes em nome individual relativamente aos efeitos que atribui ao registo das sociedades comerciais. A matrícula constitui tanto para os comerciantes em nome individual, como para as sociedades uma presunção jurídica *"juris tantum"* da qualidade de comerciante[11] o que significa que admite prova em contrário.

No entanto, para as sociedades comerciais, a lei atribui para além da presunção jurídica, carácter constitutivo, conforme dispõe a Lei das Sociedades Comerciais[12]. Isso significa que as sociedades comerciais existem como tais a partir da data do registo do contrato pelo qual se constituem. Daqui resulta o que antes ficou dito quanto ao efeito do

---

[9] Idem Artigo 149.º n.º 1.

[10] Artigo 6.º primeira parte do Decreto-Lei n.º 42644 de 15 de Novembro, de 1959, conjugado com o artigo 120.º da Lei 1/97 de 17 de Janeiro, "Lei da Simplificação e Modernização dos Registos Predial, Comercial e Serviço Notarial.

[11] Artigo 127.º da Lei 1/97 "Lei da Simplificação e Modernização dos Registos Predial, Comercial e Serviço Notarial".

[12] Artigo 5.º *"As sociedades gozam de personalidade jurídica a partir da data do registo do contrato pelo qual se constituem, sem prejuízo do disposto na presente lei quanto à fusão, cisão ou transformação de sociedades".*

24 *Manual de Direito Comercial Angola*

registo das sociedades comerciais. O registo da sociedade comercial, que abrange a matrícula, tem eficácia constitutiva da própria sociedade.

É importante salientar no entanto que, independentemente da sua natureza obrigatória quanto às sociedades e facultativa quanto aos comerciantes em nome individual, a matrícula tem de facto muito interesse para o próprio comerciante, seja este singular ou colectivo, porquanto:

1.º Só o comerciante matriculado pode fazer inscrever no registo comercial os actos a ele sujeitos, o que constitui uma das obrigações especiais dos comerciantes;

2.º Só o comerciante matriculado tem direito a especial protecção que a lei dispensa à firma, nomeadamente o direito ao seu uso exclusivo, que constitui um importante direito de propriedade industrial do comerciante.

4. Principais Actos Sujeitos a Registo

Após terem sido estudados, de uma forma geral, os actos que compreendem o registo comercial, com especial referencia a matrícula dos comerciantes[13], cumpre agora passar ao estudo particular de outra componente do registo comercial: a inscrição dos factos jurídicos, que é o registo propriamente dito[14].

As inscrições são efectuadas por extracto dos documentos depositados, devendo delas constar os elementos que definem a situação jurídica dos comerciantes em nome individual e das pessoas colectivas, isto é, as sociedades comerciais[15].

Como ficou antes dito, só certos factos, de importância fundamental para a actividade mercantil dos comerciantes, estão sujeitos a registo. A legislação que regula esta matéria enumera entre outros, os seguintes:

a) O inicio, alteração e cessação da actividade do comerciante individual[16];

---

[13] Artigo 122.º n.º 1 alínea a) da Lei 1/97.

[14] Artigo 122.º n.º 1 alínea b) da Lei 1/97.

[15] Artigo 162.º da Lei 1/97 *"As inscrições têm por fim definir a situação jurídica dos comerciantes singulares, das sociedades, das empresas estatais, das cooperativas sujeitas a registo e dos navios mercantes, mediante etracto efectuado, a partir dos documentos depositados dos factos que lhe dizem respeito".*

[16] Artigo 123.º alínea a) da Lei 1/97.

b) A residência, o estado civil e o regime de bens do comerciante casado, assim como as respectivas alterações[17];

c) O mandato comercial escrito, a sua modificação, renovação, revogação ou denúncia;[18]

d) A nomeação, recondução, exoneração de gerente, administradores, governadores, directores, representantes e liquidatários das sociedades;[19]

e) A constituição, prorrogação, transformação, fusão, incorporação, dissolução ou liquidação das sociedades, bem como a redução, o reforço e a reintegração do capital social e, em geral, toda e qualquer alteração dos respectivos pactos ou estatutos;[20]

f) A emissão de acções, obrigações, cédulas ou escritos de obrigação geral das sociedades ou de particulares e sua amortização, ordinária ou extraordinária;[21]

g) A transmissão de acções e obrigações das sociedades referidas no artigo 5.º do Decreto de 9 de Novembro de 1910, bem como a transmissão de acções das sociedades referidas no artigo 10.º do Decreto-Lei n.º 14495, de 28 de Outubro de 1927, e das abrangidas pelo parágrafo 2.º do Decreto n.º 19354, de 3 de Janeiro de 1931.

h) A amortização de quotas e a exclusão de sócios remissos das sociedades por quotas;[22]

i) A autorização para o nome ou apelidos de sócio, que se retire ou falece, ser mantido na firma social;[23]

j) A transferência de todos ou de parte dos ramos de seguro das sociedades de seguro que exerçam indústria no País;[24]

k) Os balanços das sociedades anónimas e os das sociedades por quotas que exerçam o comércio bancário, nos termos previstos no artigo 149.º do Código Comercial;[25]

---

[17] Artigo 123.º alínea b) da Lei 1/97.

[18] Alínea c) do artigo 3.º do Decreto-Lei n.º 42664 de 15 de Novembro de 1959.

[19] Alínea d) do artigo 3.º do Decreto-Lei n.º 42664 de 15 de Novembro de 1959.

[20] Alínea e) do artigo 3.º do Decreto-Lei n.º 42664 de 15 de Novembro de 1959.

[21] Alínea f) do artigo 3.º do Decreto-Lei n.º 42664 de 15 de Novembro de 1959.

[22] Alínea i) do Artigo 3.º do Decreto-Lei n.º 42664 de 15 de Novembro de 1959.

[23] Alínea j) do artigo 3.º do Decreto-Lei n.º 42664 de 15 de Novembro de 1959.

[24] Alínea k) do artigo 3.º do Decreto-Lei n.º 42664 de 15 de Novembro de 1959.

[25] Alínea l) do artigo 3.º do Decreto-Lei n.º 42664 de 15 de Novembro de 1959.

l) O penhor, o arresto e a penhora de quotas das sociedades por quotas;[26]

m) Quaisquer outros actos referentes aos comerciantes que a lei expressamente declare sujeitos ao regime comercial[27].

---

[26] Alínea m) do artigo 3.º do Decreto-Lei n.º 42664 de 15 de Novembro de 1959.

[27] Alínea n) do artigo 3.º do Decreto-Lei n.º 42664 de 15 de Novembro de 1959.

CAPÍTULO III

A Escrituração Mercantil

A. NECESSIDADE E OBRIGATORIEDADE DA ESCRITU-RAÇÃO MERCANTIL

Antes já se deixou perceber que a escrituração mercantil, além de uma obrigação imposta ao comerciante para garantia da actividade comercial, constituia também uma imperiosa necessidade para a regular e conscienciosa direcção dos negócios do comerciante.

E compreende-se bem porquê. Assim que qualquer exploração mercantil assume um pequeno desenvolvimento, logo que as relações comerciais atinjam um certo limite, impõe-se ao comerciante, de uma forma categórica, o registo das suas operações mercantis. É que o capital com que o comerciante inicia a sua actividade comercial sofre modificações diversas através do tempo; e quanto maior e mais importante for a exploração mercantil, tanto maiores e mais numerosas são essas modificações de capital.

Só com o auxílio da contabilidade se pode assim determinar o resultado de todas as variações do património de um dado comerciante. As sucessivas transacções efectuadas pelo comerciante só podem ser apreciadas com a necessária clareza e exactidão, através do sue registo metódico e cronológico.

A contabilidade através da escrituração, revela ao comerciante a situação económica em que se encontra, a situação económica e financeira exacta que o comerciante atravessa em determinado momento, bem como os resultados – lucros ou perdas – de cada exercício. A contabilidade tem por fim acompanhar as modificações de forma e valor do capital inicial de uma empresa e determinar em qualquer momento a sua situação económica e financeira.

A escrituração, é a arte de registar todas as operações duma empresa, que afectem ou possam afectar o seu património, e limita-se a aplicar as normas estabelecidas pela contabilidade. Deste modo, tal como lhe põe em evidência os erros da sua actuação em certos aspectos do seu comércio, permitindo ao comerciante modificar a sua actuação, também lhe mostra os benefícios trazidos pela sua orientação em outros aspectos, animando-os a continuá-la.

Numa palavra, a marcha regular duma empresa requer o auxílio da escrituração mercantil. Esta surge como uma necessidade imprescindível para todo o comerciante.

Mas, além disto, a escrituração mercantil é igualmente uma garantia para quem contrata com os comerciantes, pois nela muitas vezes se fundam reclamações das pessoas que se sentem lesadas, e é nos seus lançamentos que se vai buscar a prova para fazer valer em juízo, ou fora dele, essas mesmas reclamações.

"A consciência dos comerciantes está nos seus livros...", e em boa verdade assim é, pois de contrário as transacções sucedem-se tão vertiginosamente que, passado algum tempo, pouco mais existe a assinalá-las do que os lançamentos respectivos nos livros de escrita.

E, em caso de dúvidas ou litígios, são os livros dos comerciantes que constituem a única prova a que frequentemente se pode deitar mão.

E mais ainda. A escrituração é também obrigatória no interesse geral do público porque demonstra a maneira de negociar do comerciante, o seu procedimento honesto, ou a sua má fé, nas transacções comerciais, sobretudo no caso da falência em que se tem que reconstituir a vida mercantil do comerciante para averiguar se houve negligência, fraude ou culpa sujeitas a punição.

É na escrita contabilística do comerciante que se encontra ordinariamente a prova da sua inocência, ou a prova das suas faltas. E ninguém ignora a natureza grave que reveste a falência de um comerciante, mormente quando ela arrasta consigo outras falências, na mesma, ou em diferentes praças, factos que chegam a provocar grandes desequilíbrios económicos, como sucedeu com a falência do famoso banco inglês Lemmans Brothers que contaminou praticamente todos os sistemas financeiros das principais praças ocidentais, a começar pelo do Estados Unidos da América.

Em síntese e para resumir e consolidar ideias a respeito de quanto ficou dito sobre esta importante obrigação do comerciante, podemos dizer que a utilidade da escrituração mercantil e a sua obrigatoriedade[28] revelam-se em três aspectos fundamentais:

1. O interesse do próprio comerciante;

---

[28] Do carácter de obrigatoriedade da escrituração mercantil resulta naturalmente a existência de sanções para punir a falta dos livros indispensáveis ao comerciante ou a sua

As Obrigações Especiais dos Comerciantes

2. O interesse das pessoas que contratam com o comerciante;
3. O interesse geral do público.

Para se fazer a aplicação das regras estabelecidas pela contabilidade, isto é, para registar cronologicamente todas as operações dum comerciante, tem-se utilizado vários processos. Entre eles, são mais vulgares e conhecidos, o método digráfico, (ou das partidas dobradas), e o método unigráfico (ou das partidas simples). Este último método não deve, em rigor, ser considerado como método propriamente dito, mas apenas como um processo rudimentar e imperfeito de contabilização.

Posta de lado a escrituração de partidas simples (ou unigrafia) e afastados também outros métodos mais ou menos complicados, mas todos de aplicação muito restrita, resta-nos a escrituração por partidas dobradas (ou digrafia), adoptada universalmente como sistema de contabilização.

Aqui chegados, a pergunta que se impõe fazer é a seguinte. Estabelecerá a nossa lei comercial alguma obrigatoriedade no que respeita ao modo de escriturar os livros mercantis?

À primeira vista parece que não, pois o artigo 30.º do Código Comercial, sob a epígrafe (Liberdade de organização da escrita), dispõe abertamente que *"o número e espécies de livros de qualquer comerciante e a forma da sua arrumação ficam inteiramente ao seu arbítrio, contanto que não deixe de ter os livros que a lei especifica como indispensáveis[29]"*. É o chamado princípio da liberdade da arrumação dos livros mercantis.

Entretanto uma análise um pouco mais profunda e atenta da questão leva-nos a concluir doutro modo. E essa interpretação fundada na lei comercial é a seguinte:

Dos dois métodos citados, unigrafia e digrafia, o primeiro foi sem dúvida excluído. É certo que a lei o não diz expressamente, mas essa conclusão infere-se do texto do artigo 29.º que estabelece o seguinte: *"todo o comerciante é obrigado a ter livros que dêem a conhecer, fácil, clara e precisamente as suas operações comerciais e fortuna"[30]*.

Com este preceito o legislador faz a primeira restrição à liberdade da arrumação dos livros, (ao exigir que todo o comerciante é obrigado a ter livros que dêem a conhecer, fácil, clara e precisamente as suas operações comerciais e fortuna) e por virtude dessa restrição é claro e mani-

---

regular arrumação. Mais adiante, quando tratarmos da força probatória dos livros, voltaremos a esta matéria, apontando sumariamente as principais sanções consagradas na lei.

[29] Redação introduzida pela Lei n.º 6/03 de 03 de Março.
[30] Artigo 29.º do Código Comercial.

festo que ficam afastadas as partidas simples, por manifestamente não satisfazerem os requisitos exigidos nesse mesmo artigo 29.º para a escrituração dos livros *(facilidade, clareza e precisão)*.

A lei Comercial acresce a essa restrição à liberdade de arrumação dos livros, uma segunda restrição, quando considera obrigatórios para os comerciantes determinados livros mercantis[31], entre os quais figura o Livro Razão que não consta nas partidas simples, pelo menos com as funções e os fins consignados no artigo 35.º

Com as considerações ora expendidas fica demonstrado não apenas que dos dois métodos de escrituração estudados e indicados antes, unigrafia e digrafia, apenas o método da digrafia ou das partidas dobradas satisfaz as prescrições do Código Comercial, mas também fica demonstrado que o importante princípio da liberdade de arrumação dos livros mercantis enunciado no artigo 31.º sofre duas importantes restrições. Recapitulando esta matéria, temos o seguinte quadro:

Princípio geral – Liberdade na arrumação dos livros (artigo 30.º do Código Comercial)

Restrições ao Princípio geral

1. Obrigatoriedade de clareza, facilidade e precisão (artigo 29.º do Código Comercial)
2. Obrigatoriedade de certos livros (artigo 31.º do Código Comercial, conjugado com o artigo 35.º do mesmo Código)

B. OS LIVROS OBRIGATÓRIOS

A lei comercial considera indispensáveis alguns livros e deixa ao livre arbítrio de cada comerciante a adopção de quaisquer outros. Daqui a divisão dos livros mercantis em duas importantes categorias. Livros obrigatórios (ou indispensáveis), e Livros facultativos.

Os livros obrigatórios de harmonia com o que estabelece o artigo 31.º são os seguintes:

Inventário e Balanços[32];
Diário[33];

---

[31] Artigo 31.º do Código Comercial.
[32] Artigo 33.º do Código Comercial.
[33] Artigo 34.º do Código Comercial.

Razão[34];
Copiador;[35]
Livro de Actas (para as sociedades)[36].

Além destes, são ainda indispensáveis para os comerciantes que façam vendas por grosso ou a revendedores e cujo preço não seja representado por meio de «letra»

– O copiador de facturas (relativas a vendas a prazo)
– O registo de extractos de (facturas)[37]

Os fins a que se destinam os livros obrigatórios estão expressamente consignados na lei. De entre esses livros obrigatórios, vamos de seguida passar em revista aos que são comuns a todos os comerciantes (em nome individual e às sociedades comerciais).

A utilização dos livros é permanentemente fonte de incómodos e de modo nenhum se compadece com os modernos meios de escrita, quer mecanográficos, quer electrónicos, continuando os livros sujeitos à legalização a ter de ser manuscritos.

Impõe-se por isso, modernizar essa área e dar respostas a problemas do quotidiano dos comerciantes e das sociedades comerciais.

1. O Livro de Inventário e Balanços

O artigo 33.º do Código Comercial consagra os fins que prossegue o Livro de Inventário e Balanços do modo seguinte: «O livro de inventário e balanços começará pelo arrolamento de todo o activo e passivo do comerciante, ficando a diferença entre aquele e este, o capital com que entra em comércio, e servirá para nele se lançarem, dentro dos prazos legais, os balanços a que tem de proceder»[38].

O artigo 32.º dispõe que é obrigatória a legalização dos livros dos comerciantes, inventário e balanços e diário, bem como a dos livros das actas da Assembleia geral das sociedades.[39]

---

[34] Artigo 35.º do Código Comercial.

[35] Artigo 36.º do Código comercial.

[36] Artigo 68.º n.º 4 da Lei das Sociedades Comerciais.

[37] Artigo 15.º do Decreto n.º 19490 de 21 de Março de 1931 que regula o Extracto de Facturas.

[38] Artigo 33.º do Código Comercial.

[39] Presentemente, nos termos do artigo 31.º do Código Comercial aprovado pela Carta de Lei de 28 de Junho de 1888, com as alterações introduzidas pela Lei 06 de 03

2. O Livro Diário

O artigo 34.º do Código Comercial consagra a Função e a arrumação do Livro Diário estabelecendo o seguinte:

«O diário servirá para os comerciantes registarem, dia-a-dia, por ordem de datas, em assento separado, cada um dos seus actos que modifiquem ou possam vir a modificar a sua fortuna.

& 1.º Se as operações relativas a determinadas contas forem excessivamente numerosas, ou quando se hajam realizado fora do domicilio comercial, poderão os respectivos lançamentos ser levados ao diário numa só verba semanal, quinzenal, ou mensal, se a escrituração tiver livros auxiliares, onde sejam exaradas com regularidade e clareza, e pela ordem cronológica por que se hajam realizado, todas as operações parcelares englobadas nos lançamentos do diário.

&2.º Os comerciantes de retalho não são obrigados a lançar no diário, individualmente as suas vendas, bastando que assentem o produto ou dinheiro apurado em cada dia, assim como o que houverem fiado»

Na prática, o diário selado é sempre sintético, para diminuir o imposto de selo que é muito pesado. Este procedimento, como se viu antes, está de acordo com a lei que permite lançamentos semanais, quinzenais, ou até mesmo mensais no Livro Diário desde que cumulativamente haja livros auxiliares onde fiquem claramente registadas as operações.

3. O Livro Razão

O artigo 35.º consagra a função e a forma como se escritura o Livro Razão. O preceito estabelece que o Razão *«servirá para escriturar o movimento de todas as operações do Diário, ordenadas por débito e crédito, em relação a cada uma das respectivas contas, para se conhecer o estado e a situação de qualquer delas, sem necessidade de recorrer ao exame e separação de todos os lançamentos cronologicamente escriturados no Diário».*

---

de Março de 2003, os comerciantes estão obrigados a manter os livros de inventário e balanços, diário, razão e copiador. As sociedades comerciais, além destes, os das actas das assembleias gerais.

4. O Copiador de correspondência

A função do copiador de correspondência vem consagrada no artigo 36.º do Código Comercial que estabelece o seguinte: *«O copiador serve para nele se registar, à mão, máquina, ou por qualquer outro meio, cronológica e sucessivamente toda a correspondência que o comerciante expedir por correio, telegrama, fac smile, correio electrónico ou telex».*

5. O Livro de Actas das Sociedades Comerciais

A função do Livro de Actas das Sociedades Comerciais está consagrada no artigo 37.º do Código Comercial que estabelece o seguinte; «Os livros de Actas das Sociedades servirão para neles se lançarem as Actas das reuniões dos sócios, interessados ou administradores, devendo cada uma delas expressar a data em que foi celebrada, os nomes dos assistentes, os votos emitidos, as deliberações tomadas e tudo o mais que possa servir para fazer conhecer e fundamentar estas, e ser assinada pela mesa quando a houver, e não a havendo pelos assistentes.

6. O Copiador de facturas

A função do copiador de facturas vem regulada no Decreto-Lei 19490 de 21 de Março de 1931 que estabelece o seguinte: *«O copiador de facturas serve para nele se transladarem integralmente e cronologicamente as facturas respeitantes às mercadorias vendidas a prazo»*[40].

7. O Registo de Extractos de facturas

A função do Registo de Extractos de facturas vem igualmente consagrada no Decreto-Lei 19490 de 21 de Março de 1931 que estabelece o seguinte:*«O Registo de Extractos de facturas servirá para nele se registarem cronologicamente todos os extractos passados, com o número de ordem, a data e o valor da factura originária ou da prestação a que corresponder, a data da sua expedição, a data do aceite do extracto e a do protesto por falta de aceite ou de devolução»*[41]

---

[40] Artigo 16.º do Decreto-Lei 19490 de 21 de Março de 1931.
[41] Artigo 17.º do Decreto-Lei n.º 19490 de 21 de Março de 1931.

C. OS LIVROS FACULTATIVOS

Acabamos de indicar e estudar as funções dos livros obrigatórios. Relativamente aos livros facultativos a sua escolha e adopção ficam inteiramente ao livre arbítrio dos comerciantes de harmonia com o seu critério e as necessidades do seu comércio. Eles são, por essa razão, de numerosas espécies, que variam consoante os ramos de negócios explorados e o desenvolvimento da empresa a que se destinam.

Nessa conformidade, se compreende que aqui se limite a indicação de, apenas, alguns dos mais importantes e vulgares:

a) Livro do Caixa;
b) Livro de Diário de Compras (ou Livro de Compras);
c) Livro de Diário de Operações Diversas;
d) Livro Diário-Razão (ou Livro Diário Americano);
e) Livro de Mercadorias;
f) Livro de Depósitos à Ordem (ou Livro de Depósitos em Bancos);
g) Livro de Devedores e Credores;
h) Livro de Clientes;
i) Livro de Fornecedores;
j) Livro de Balancetes;
k) Etc.

D. PRECEITOS A OBSERVAR NA ESCRITURAÇÃO DOS LIVROS

Como ficou antes dito, a lei comercial consagra o princípio geral da liberdade de arrumação dos livros comerciais, que vem estipulado no artigo 30.º do Código Comercial. Mas nessa ocasião também se viu que esse princípio é limitado pela obrigatoriedade duma regular arrumação dos mesmos livros. Pois bem, importa aqui saber que é que se deve entender por uma regular arrumação. Dito doutro modo, o que é que se deve entender por livros regularmente arrumados?

A regular arrumação é a completa observância, não apenas dos preceitos legais em matéria de livros, como também da observância dos preceitos técnicos em matéria de Escrituração Comercial.

No âmbito deste estudo, só os primeiros nos interessam, porquanto os segundos, os preceitos técnicos, fazem parte do estudo da disciplina de Contabilidade e Escrituração de livros dos Cursos de Gestão, Contabili-

As Obrigações Especiais dos Comerciantes

dade e Economia, pelo que para lá se remete o seu estudo em pormenor, não cabendo no âmbito deste Manual de Direito Comercial Angolano.

Vistas já as disposições da lei comercial no que se refere a livros mercantis em geral, analisemos então os preceitos legais a observar propriamente na escrituração desses livros. Neste aspecto, é fundamental a doutrina do artigo 39.º e o seu parágrafo único do Código Comercial:

"A escrituração dos livros comerciais será feita sem intervalos em branco, entrelinhas, rasuras, ou transportes para as margens.

&Único – Se houver cometido erro ou omissão em qualquer assento, será ressalvado por meio de estorno."

Esta importante determinação legal não deve ser esquecida por todos aqueles que, no exercício das suas funções, escrituram livros mercantis, quaisquer que eles sejam – obrigatórios ou facultativos –, mas sobretudo os obrigatórios, como é lógico. Assim mesmo, é indispensável conjugar essa importante determinação legal com as normas técnicas de escrituração, pois de outro modo poderemos chegar a conclusões absurdas.

Assim, os intervalos em branco são proibidos com o objectivo de evitar que, mais tarde, venham a ser preenchidos com intuito fraudulento. Mas o certo é que existem, e tem de existir, em todos ou quase todos os livros de contabilidade, sobretudo quando um lançamento não cabe numa página e é forçoso passar para a seguinte, deixando algumas linhas em branco. Simplesmente a prática ensina que basta cortar, com um traço em diagonal, todas as linhas não utilizadas, para elas deixarem de se considerar em branco[42].

Relativamente aos copiadores, as suas folhas reproduzem os espaços em branco que os originais copiados contém; mas devemos ter em consideração que o artigo citado apenas se refere a livros que são escriturados e não a todos os livros mercantis, como tão claramente resulta do texto: «A escrituração dos livros será feita...»

E, evidentemente, qualquer copiador é um livro mercantil, mas nunca um livro escriturado.

As rasuras, entrelinhas, e os transportes para as margens, também não são permitidos. Qualquer erro ou omissão deve ser ressalvado por meio de estorno. Há várias espécies de estorno; a) estorno por omissão; b) estorno por duplicação; c)estorno por inversão; d) estorno por substi-

---

[42] Pires Cardoso J. "Noções de Direito Comercial", Editora Rei dos Livros, 14.ª Edição 2002; pág. 141.

tuição; e)estorno por alteração de quantias; f) estorno por descrição inexacta.[43]

A imposição do estorno, para ressalvar erros ou omissões, justifica-se plenamente se atendermos a que a lei, atribuindo aos livros comerciais efeitos jurídicos importantes, deve, em contrapartida, exigir que eles sejam rodeados de todas as condições possíveis de segurança e seriedade. E, sem dúvida, a rasura, a entrelinha ou o transporte para a margem, assim como serviriam para honestamente ressalvar um lapso, também poderiam servir para os comerciantes aproveitarem-se desonestamente para encobrir uma fraude.

Mas, do mesmo modo que para os intervalos em branco, devemos também conjugar esta imposição legal com os preceitos da técnica, pois em certos livros a impossibilidade de estorno é manifesta.

De um modo geral, apenas no Diário e no Razão e nos respectivos auxiliares, é que se pode efectuar; e mesmo nesses livros, há em casos especiais uma grande dificuldade, se não houver impossibilidade, de praticar a aludida operação.

Nestas condições, o parágrafo único do artigo 39.º deve ser entendido e acatado dentro da possibilidade de realização do estorno, por isso é que a lei não pode requerer o impossível.

De tudo quanto ficou dito podemos concluir o seguinte: Sempre que o estorno seja tecnicamente possível, qualquer erro ou omissão não podem ser corrigidos doutra forma.

Em caso de impossibilidade manifesta, existe uma maneira de corrigir que a lei não proíbe expressamente: riscar o lançamento errado com dois traços cruzando-se em diagonal, feitos de preferência com tinta diferente da usada, e o lançamento ficará inutilizado, cancelado. Se o erro consistir apenas numa quantia, ou numa palavra, e havendo impossibilidade de o ressalvar por meio do estorno, poder-se-á também riscar a palavra ou o número e escrevê-los de novo a tinta diferente, na mesma linha ao lado, na linha superior ou inferior.

E quando todos estes espaços estejam preenchidos, poderá ainda escrever-se a emenda sobre o próprio erro, com tinta que se destaque nitidamente e de modo que fique sempre visível o erro tal como inicialmente foi praticado. À primeira vista poderá parecer estranho ou mesmo absurdo que se deixe bem visível o erro praticado. Porém uma leitura

---

[43] O estudo destas modalidades de estorno com o pormenor devido cabe igualmente à disciplina de contabilidade e à Secção de escrituração comercial.

As Obrigações Especiais dos Comerciantes 37

mais atenta demonstra-nos bem o contrário. Primeiramente porque toda a escrituração deve ser sincera e não deixar no espírito de quem quer que seja quaisquer dúvidas; e em segundo lugar porque, encoberto o erro, havia praticamente uma rasura (sem se ter raspado, mas com os mesmos efeitos, o que a lei proíbe).

Por este processo, não só se não infringiu o texto da lei com rasuras, entrelinhas, ou transportes para as margens, como também se não falseou de modo nenhum o seu espírito[44], daí que se alguma fraude houver, essa fraude continuará facilmente perceptível, porque continuará transparente.

E. SIGILO DA ESCRITURAÇÃO – EXIBIÇÃO E EXAME DOS LIVROS

É frequente, sobretudo na vida mercantil, ouvir-se a "máxima" «o segredo é a alma do negócio».

Tem de reconhecer-se, de facto, que esta expressão vai perdendo gradualmente o seu exacto sentido literal, e a tal ponto que, se muitas transacções feitas em outros tempos eram na verdade preparadas e rea-lizadas no meio do mais absoluto sigilo, são hoje levadas a efeito sem quaisquer recatos, à luz do dia, e às vezes dentro da maior publicidade. É que os processos de negociar variam extraordinariamente, consoante o grau de desenvolvimento do comércio e as conquistas da civilização.

Com tudo isto, não se pretende significar que não seja de atender, e em certos casos muito, a velha máxima antes referida. Pretende-se agora fazer sentir que os inconvenientes de mostrar a escrituração eram muito maiores antigamente. Além disso, acrescem várias considerações de inte-resse público que exigem a fiscalização de certas actividades comerciais por parte do Estado, tem feito perder ao segredo da escrituração o carác-ter quase absoluto e rígido que anteriormente revestia.

O Código Comercial Angolano estabelece no artigo 41.º o seguinte:

"Nenhuma autoridade, juízo ou tribunal pode fazer ou ordenar varejo ou diligência alguma para examinar se o comerciante arruma ou não devidamente os seus livros de escrituração mercantil". O texto

---

[44] Por espírito da lei, e recorrendo aos ensinamentos da disciplina de Introdução ao Estudo do Direito, devemos entender o fim que se pretendeu atingir ao elaborá-la. Sempre que interpretemos qualquer disposição legal não devemos atender apenas às suas palavras (texto da lei), mas também aos fins ou motivos que a determinaram (espírito da lei). Artigo 9.º do Código Civil.

do artigo 41.º consagra o conhecido princípio do sigilo da escrituração que considera secretos os livros comerciais; e, nestes termos, "nenhuma autoridade juízo ou tribunal pode mandar investigar se o comerciante tem ou não os seus livros devidamente arrumados".

Como regra, a escrituração mercantil é secreta, como dispõem os artigos 41.º do Código Comercial e o artigo 51.º do C.P.C. Mas há múltiplas excepções.

Esta regra geral apresenta, porém, múltiplas excepções, principalmente no que respeita a certas sociedades anónimas e em comandita por acções, que se encontram sujeitas a fiscalização do Estado.

Vamos de seguida elencar várias excepções à regra do secretismo da escrituração mercantil:

a) Pode ser ordenada a exibição judicial por inteiro dos livros e documentos, nos casos previstos no artigo 42.º do Código Comercial;

b) Pode ser feito exame judicial limitado a determinados elementos, nos termos fixados no artigo 43.º do C. Comercial;

c) Os sócios podem exercer o direito à informação sobre as actividades, escrita e documentação da sociedade, nos termos previstos; para as sociedades por quotas, nos artigos 236.º e 237.º da Lei das sociedades Comerciais; para as sociedades em nome colectivo, no artigo 183.º da Lei das sociedades comerciais; para as sociedades anónimas, nos artigos 320.º e seguintes da Lei das sociedades comerciais; e quanto às sociedades em comandita simples e por acções, vejam-se respectivamente, os artigos 210.º e 214.º da Lei das sociedades comerciais;

d) A lei permite a realização de inquérito judicial na escrituração e documentos das sociedades em nome colectivo, por quotas, anónimas e em comandita por acções, a pedido dos sócios aos quais tenham sido recusadas informações que lhe foram devidas, ou prestada informação presumivelmente falsa, incompleta ou não elucidativa (artigos 183.º, n.º 6, 238.º e 324.º da LSC); e ainda nos casos de deliberação ilícita de distribuição de bens sociais (artigo 32.º n.º 3 da LSC), falta de apresentação, pelo órgão de administração da sociedade, do relatório de gestão, contas de exercício e demais documentos de prestação de contas (artigo 73.º da LSC), de não aprovação das contas apresentadas (artigo

74.º n.º 2 da LSC), de redução da remuneração dos gerentes das sociedades por quotas (artigo 288.º n.º 2 da LSC) e de abuso da informação (artigo 450.º da LSC). O rito processual do inquérito judicial consta dos artigos 1479.º e seguintes do C.P.C:, salvo no caso do artigo 67.º da LSC.

Outra excepção – e certamente uma das mais importantes – refere-se aos serviços do Ministério das Finanças que, para efeitos de fiscalização quanto a impostos, tem a faculdade de proceder a exames à escrita dos comerciantes, quando o julguem necessário sobre o imposto sobre o rendimento de pessoas singulares, e sobre o imposto de pessoas colectivas.

Em face do que ficou dito, podemos inferir, pois que, à parte das várias e justificadas excepções por reconhecido e manifesto interesse público, que é o controlo e a arrecadação de receitas para o orçamento, a escrituração do comerciante é secreta.

E assim sucede de ordinário; mas logo que uma questão é posta em tribunais, logo que se afigure necessário fazer em juízo a prova de certos e determinados factos, o carácter secreto dos livros tem necessariamente de ser desprezado. Como proceder de modo diferente, se uma das funções primordiais da escrituração é efectivamente a força probatória?

A publicidade dos livros reveste duas formas: a) a exibição e b) o exame.

a) A exibição abrange os livros comerciais por inteiro, isto é, torna--se pública toda a escrituração do comerciante. Por este atributo de generalidade, e também porque os livros têm de sair da posse do comerciante, só em casos muito especiais pode ser ordenada a exibição: em caso de falência, de sucessão universal e de comunhão de sociedade (artigo 42.º Código comercial).

b) O exame dos livros é sempre parcial, diz respeito unicamente a pontos restritos que procuram esclarecer-se, como, por exemplo, os lançamentos efectuados em certa data e em certos livros.

Além destas exigências previstas na lei comercial para o exame dos livros, deve ter-se em linha de conta uma outra muito importante, que é a seguinte: o exame dos livros faz-se sempre no escritório do comerciante, na sua presença, ou de quem o represente, e deve ser ordenado em todos os casos que não sejam os apontados para a exibição (artigo 43.º do Código Comercial).

F. A FORÇA PROBATÓRIA DOS LIVROS DE ESCRITURA-ÇÃO MERCANTIS

A lei atribui aos livros mercantis uma força probatória que, embora não seja plena, tem consequências jurídicas bem mais amplas do que as da maioria dos documentos particulares e, como já bastas vezes foi antes referido, é precisamente a função de prova que constitui uma das mais importantes e úteis funções da escrituração mercantil.

No artigo 44.º do Código Comercial, dispõe-se que "os livros de escrituração comercial podem ser admitidos em juízo, a fazer prova entre comerciantes, em factos do seu comércio....," e nos vários números do mesmo artigo 44.º são especificadas as condições em que tal prova é admitida. A prova pode ser contra ou a favor do próprio comerciante a quem os livros pertencem.

Quanto ao primeiro caso, os lançamentos, mesmo numa escrita irregularmente arrumada, fazem fé contra o próprio comerciante, mas quem queira valer-se deles terá também de aceitar tudo que lhe seja prejudicial.[45]

Do quanto ficou brevemente expendido, se pode concluir que resulta já que é de capital importância, para todo o comerciante, ter a sua escrita regularmente arrumada, isto é, com inteira observância não apenas dos preceitos legais aplicáveis, como também dos preceitos técnicos ensinados pela Contabilidade.

E isto é assim, porque uma das sanções previstas na lei, para o caso de irregular arrumação dos livros mercantis de qualquer comerciante é, como já se referiu e se fundamentou juridicamente, fazer fé, geralmente, contra ele, a escrituração regularmente arrumada do outro comerciante.

À mesma sanção fica igualmente sujeito o comerciante em relação ao qual se verifica a falta de livros mercantis, salvo se esta falta é devida a caso de força maior.[46]

Quanto ao segundo caso, para que os lançamentos provem a favor do comerciante, necessário se torna que os seus livros se encontrem regularmente arrumados, e que o outro comerciante não apresente lançamentos opostos, em livros também regularmente arrumados ou prova em contrário.[47]

---

[45] Artigo 44.º n.º 1 do Código Comercial.
[46] Artigo 44.º Parágrafo único do Código Comercial.
[47] Artigo 44.º n.º 2 e n.º 4 do Código Comercial.

CAPÍTULO IV

Balanço e Contas

A. BALANÇO ANUAL E BALANÇOS EXTRAORDINÁRIOS

O artigo 62.º estipula o seguinte: Todo o comerciante é obrigado a dar balanço anual do seu activo e passivo nos três primeiros meses do ano imediato e a lançá-lo no livro de inventário e balanços, assinando-o devidamente.

O artigo 70.º da Lei das Sociedades comerciais sob a epígrafe "Dever de relatar a gestão e apresentar contas", estabelece no seu n.º 6 o seguinte:

"Salvo disposição legal em contrário, o relatório de gestão, as contas do exercício e os demais documentos de prestação de contas devem ser apresentados nos três primeiros meses de cada ano civil."

Para dar balanço ao activo dum comerciante é necessário proceder à verificação de todo o seu património afecto ao comércio, o que demanda um trabalho contabilístico notável e que constitui parte integrante do fecho da escrita. Por essa razão, a obrigação de dar balanço está intimamente ligada à obrigação do comerciante de ter escrituração mercantil, sem que no entanto, com esta se confunda, e vejamos porquê.

O balanço constitui o documento final da escrituração mercantil e exprime a relação entre o activo, o passivo e a situação liquida dum comerciante, e mostra-nos portanto a situação económica e financeira da sua exploração mercantil no momento a que ele se refere.

Em meia dúzia de linhas, num pequeno quadro esquemático, o comerciante pode condensar a situação da sua empresa, onde os valores activos e passivos revestem bastas vezes formas e extensões variadíssimas.

Todavia, para que o balanço desempenhe proficuamente a função de indicador económico e financeiro, para que a sua leitura revele a verdadeira situação duma empresa, é imprescindível que ele satisfaça certos requisitos, fundamentalmente, ser claro, exacto e completo.

O balanço deve ser organizado anualmente, consoante o disposto no artigo 62.º do Código Comercial, e deve ter-se em atenção que as sociedades comerciais são obrigadas a referi-lo a 31 de Dezembro de cada ano, conforme dispõe o artigo 70.º n.º 1 da Lei das Sociedades Comerciais. Devem pois as sociedades adoptar para encerramento das suas contas o ano civil[48], e não qualquer outro período anual[49].

A faculdade, que antes assistia a todos os comerciantes, de fechar a sua escrita contabilística na altura do ano que arbitrariamente escolhessem, está assim afastada, e restrita apenas aos comerciantes em nome individual; posto que as sociedades se têm de subordinar ao ano civil.

É importante esclarecer no entanto que mesmo quanto aos comerciantes em nome individual, é de regra efectuar o balanço no fim de cada ano civil, posto que a isso se encontram obrigados face ao que dispõe a lei fiscal, designadamente no que diz respeito ao regime do imposto sobre o rendimento de pessoas singulares.

Vale a pena no entanto recordar que o facto de a lei obrigar ao balanço anual, não significa isso que o comerciante fique impossibilitado de o fazer mensal, trimestral ou semestralmente, mas, antes significa sim, que o têm de organizar uma vez pelo menos em cada ano.

Estes balanços a que nos temos vindo a referir – balanços de exploração ou balanços de gestão – efectuam-se em períodos certos, geralmente o ano: balanços ordinários.

Algumas vezes, porém, é necessário organizar balanços com fins diferentes dos balanços de gestão, estes balanços visam essencialmente a determinação dos resultados do exercício. Surgem, assim, principalmente, os balanços de liquidação e os balanços de cessão, os quais, como o seu nome indica, se destinam à determinação do valor real do património afecto a uma empresa, e que geralmente se efectuam em épocas diferentes das estabelecidas para os casos normais. Esses balanços, são pois, balanços extraordinários.

---

[48] O ano civil compreende o período de 1 de Janeiro a 31 de Dezembro. O ano económico que, em alguns países, começa em 1 de Julho e termina em 30 de Junho, coincide actualmente em Angola, com o ano civil. Existem igualmente outros períodos anuais muito conhecidos, tais como, o ano lectivo, o ano agrícola, etc.

[49] Sobre a arrumação e função do livro de inventário e balanços, veja-se o que ficou dito antes, em momento próprio quando estudamos os livros obrigatórios, e neste caso com fundamento no artigo 33.º do Código Comercial.

A seguir são indicadas as hipóteses mais vulgares que originam a feitura de balanços extraordinários:

– Dissolução amigável ou judicial de sociedades
– Fusão de sociedades
– Falência de sociedades
– Saída ou morte de sócio
– Venda ou trespasse do estabelecimento;
– Etc.

B. ÉPOCAS PARA A PRESTAÇÃO DE CONTAS

O artigo 63.º do Código Comercial estabelece o seguinte:
"Os comerciantes são obrigados a prestar contas:

– nas negociações, no fim de cada uma;
– nas transacções comerciais de curso seguido, no fim de cada ano; e
– no contrato de conta corrente, ao tempo do encerramento".

Esta obrigação de prestar contas, em prazos fixos, tem a sua razão de ser na necessidade de evitar abusos por parte dos comerciantes menos escrupulosos, de esclarecer as dúvidas que possam surgir acerca do resultado das transacções e de sujeitar a uma disciplina uniforme a época em que a prestação deve realizar-se.

Quando assim não fosse, os critérios para a determinação do prazo da prestação de contas podiam variar de comerciante para comerciante, segundo a natureza das operações e – o que seria ainda mais grave –, segundo as conveniências de cada comerciante.

Acresce, que desde que a lei atribuiu à escrituração mercantil os efeitos antes apontados, seria lógico que se não esquecesse a prestação de contas, uma vez que esta a pode auxiliar grandemente, quer conferindo o resultado de certas operações, quer esclarecendo as dúvidas que se levantam quanto aos lançamentos da mesma operação de dois comerciantes.

O citado artigo 63.º do código comercial estabelece três prazos distintos:

a) Para as negociações isoladas; no fim delas – o que é natural, visto com mais facilidade se apreciarem os resultados das transacções imediatamente após a sua conclusão do que mais tarde, quando possam surgir dúvidas acerca das suas clausulas porventura esquecidas.

b) Para as negociações de curso seguido: no fim de cada ano – o que bem se compreende se atendermos a que se tornaria difícil, e pouco prático, prestar contas após cada operação, mas que convém, pelo menos uma vez no ano, determinar a posição dos negociantes para evitar confusões futuras.

(Deve ter-se em atenção, porém, que a prestação de contas só se efectua no fim de cada ano, no caso de as negociações continuarem em curso; se elas terminarem no meio do ano, ou em qualquer outra altura, a prestação far-se-á de seguida.

Embora isto se não encontre expressamente declarado no texto do artigo 63.º do Código Comercial, é manifestamente este, e não outro, o espírito da lei.

c) Para o contrato de conta corrente: na época do encerramento – isto é, no fim do prazo fixado no contrato, é, na falta desta fixação, no fim do ano civil, conforme se encontra declarado no artigo 348.º do Código Comercial.

d) Por sua vez, e nos termos do artigo 70.º n.º 6 da Lei das Sociedades Comerciais, o relatório de gestão, as contas do exercício e os demais documentos de prestação de contas devem ser apresentados e apreciados nos três primeiros meses de cada ano civil[50].

---

[50] Conjugado com o artigo 3.º alínea l) do Decreto-Lei n.º 42664 de 14 de Novembro de 1959, e o artigo 130.º da Lei 1/97 de 17 de Janeiro.

PARTE II

A PROPRIEDADE COMERCIAL.
(O ESTABELECIMENTO COMERCIAL,
OS TÍTULOS DE CRÉDITO MERCANTIS
E OS DIREITOS DE PROPRIEDADE INDUSTRIAL)

CAPÍTULO I

O Estabelecimento Comercial

1. Noção e elementos do estabelecimento comercial

Os comerciantes para exercerem a sua actividade reúnem diversos meios humanos e materiais e organizam-nos de modo que os tornam aptos a desempenhar uma determinada função económica. Esta organização é a empresa. O conjunto de meios materiais em que a empresa assenta constitui o estabelecimento comercial.

Aqui chegados, estamos em condições de inferir qual é a noção do estabelecimento comercial. O estabelecimento comercial é, assim, o complexo dos bens organizados pelo empresário para o exercício de uma actividade económica. Desta noção podemos retirar os elementos que a compõem. São elementos do estabelecimento comercial, os bens, a organização e a aptidão funcional. E também se conclui que esses mesmos elementos têm necessariamente de guardar uma íntima relação entre si. Sem um conjunto de bens não pode falar-se de estabelecimento, nem é possível conceber a existência de um comerciante sem um mínimo de estruturas materiais.

Os bens que integram o estabelecimento podem por sua vez, ser da mais variada natureza[51], Háverá bens móveis e bens imóveis (C. Civil artigos 204.º e 205.º), mas haverá igualmente bens incorpóreos, como o nome, marcas, patentes e outros direitos análogos. Sobre as coisas móveis e imóveis o comerciante será titular de direitos reais, sujeitos ao regime do Código Civil.

---

[51] Jorge Manuel Coutinho de Abreu "Curso de Direito Comercial" Vol. I 4.ª edição p. 210.

Miguel Pupo Correia, Lisboa 2003, pág. 296.

Os bens incorpóreos estarão afectos ao comerciante na base de direitos de propriedade industrial ou outros direitos análogos.[52]

Esses elementos que integram o estabelecimento comercial, por si mesmos, isolados, não representam um valor económico diferente da soma das partes; para dar origem a um estabelecimento comercial as coisas são dispostas pelo comerciante segundo uma ordem por ele concebida que faz desse conjunto uma organização objectivamente apta a desempenhar uma função económica.

2. O Aviamento e a Clientela

É frequente indicar-se entre os elementos que integram o estabelecimento o Aviamento e a Clientela. Importa pois saber em que constitui cada um desses elementos.

O Aviamento é a aptidão da organização para gerar riqueza. É pois uma qualidade do estabelecimento, o valor acrescentado pelo conjunto à soma das partes. O aviamento não é propriamente um elemento do estabelecimento, na mesma medida em que não é elemento de um prédio rústico a sua capacidade frutífera.

Embora não se possa qualificar o Aviamento como um verdadeiro elemento do estabelecimento, podemos assim mesmo dizer que o aviamento é um bem susceptível de avaliação pecuniária e como tal, em caso de trespasse, pode e deve integrar o activo do comerciante e conferir assim uma importante mais valia ao valor do estabelecimento, que o não teria, se fosse unicamente avaliado através da soma dos seus elementos corpóreos e incorpóreos.

Essas mesmas considerações podem ser feitas quanto à Clientela. *Ter muita ou pouca clientela é determinante no valor do estabelecimento.*

No entanto, pode existir estabelecimento sem clientela, como será o caso de um restaurante recém-inaugurado e pronto a entrar em funcionamento.

Além disso, não se pode afirmar a existência de um direito à clientela, protegido pelo ordenamento jurídico, com autonomia, face à aptidão do conjunto de desempenhar uma função económica.

A clientela não se trespassa, e embora o trespassante tenha a obrigação de não disputar a clientela do estabelecimento trespassado, não lhe é

---

[52] Artigo 1303.º do C. Civil

juridicamente exigível que garanta ao adquirente do estabelecimento trespassado, a manutenção da clientela.

A clientela é sem dúvida, uma garantia, ou pelo menos, uma fundada expectativa de certo volume de transacções, e consequentemente, de lucros futuros. É pois, e em caso de transmissão do estabelecimento, um valor a acrescentar ao activo liquido do comerciante.

A clientela, quando existe, é apenas um índice da aptidão funcional do estabelecimento e como bem confunde-se com o aviamento.

3. Estabelecimento comercial e realidades afins

A palavra estabelecimento nem sempre é utilizada no mesmo sentido.

Com o significado técnico que acabamos de retirar, o termo estabelecimento comercial é usado nos artigos 1085.º e 1118.º do C. Civil. Porém em outras ocasiões, e mesmo na lei comercial, o termo estabelecimento comercial é usado com outro sentido. É o caso do artigo 95.º do Código Comercial, onde o termo estabelecimento comercial é sinónimo de loja, local aberto ao público, do mesmo modo que no artigo 17.º da Lei das Actividades Comerciais, Lei 1/07 de 14 de Maio. E mesmo no artigo 425.º do Código comercial, em que o termo estabelecimento comercial assume o significado restrito de diversas coisas corpóreas, móveis e imóveis.

O estabelecimento comercial também não se pode confundir com a empresa, qualquer que seja o sentido em que esta seja entendida.

Vendo-se na empresa a organização do empresário, o estabelecimento comercial é apenas uma parte dessa organização, precisamente o conjunto dos seus meios materiais. Por outro lado, a empresa neste sentido pode integrar diversos estabelecimentos comerciais susceptíveis de com autonomia desempenharem uma função económica independente.

Vendo-se a empresa objectivamente, como a actividade do empresário, sentido que é dado a empresa pelo artigo 230.º do Código Comercial, é clara a sua relação com o estabelecimento que aparece como instrumento daquela actividade.

Assim mesmo, há autores que vêem na empresa um bem que pode ser objecto de negócios. Para esses autores, a empresa é naturalmente sinónimo de estabelecimento comercial.[53]

---

[53] Veja-se Ferrer Correia, "Lições de Direito Comercial" I, pág. 201; J. M. Coutinho de Abreu, "Curso de Direito Comercial I pág. 198 defende que "em tese geral" lhe parece ser legítima a utilização sinonímica dos dois vocábulos.

50 *Manual de Direito Comercial Angola*

Finalmente vale a pena referir que o estabelecimento comercial não deve ser confundido com o património do comerciante ou com uma fracção autónoma dele, embora por vezes, em termos de direito comparado, a lei comercial portuguesa o considere com esse sentido, como é o caso do diploma que criou o Estabelecimento Individual de Responsabilidade Limitada. – E.I.R.L.

4. Espécies de estabelecimento comercial

Todos os comerciantes têm pelo menos um estabelecimento comercial. Mas podem ter mais do que um. Neste caso, em que os comerciantes têm mais do que um estabelecimento comercial, considera-se estabelecimento comercial principal, aquele onde funciona a sede da administração, a partir do qual os negócios são dirigidos[54], e estabelecimentos secundários os restantes.

Perante a dificuldade que muitas vezes se verifica na definição de estabelecimento comercial principal, especialmente quando o comerciante tenha três ou quatro estabelecimentos por onde reparta igualmente a sua actividade, é de seguir a noção dada por Barbosa de Magalhães: *"estabelecimento comercial principal é o que centraliza em si o movimento geral da administração, e onde portanto existem o escritório, os livros, registos e correspondência do comerciante."*[55]

Os estabelecimentos secundários são designados de diversos modos. O modo mais frequente é o usado no artigo 15.º da Lei das Sociedades Comerciais que refere no n.º 1 *"Salvo disposição contratual em contrário, a sociedade pode criar sucursais, agências, delegações ou outras formas de representação no território nacional ou no estrangeiro"*.

A sucursal é um estabelecimento secundário onde o comerciante desenvolve a actividade do mesmo género daquela que é desenvolvida no estabelecimento principal.

As agências, delegações ou outras formas de representação são estabelecimentos baseados em contratos estabelecidos entre o comerciante e empresários locais que, como mandatários ou de forma independente,

---

[54] O n.º 1 do artigo 82.º do Código do Processo civil determina que "Para o processo de falência, é competente o tribunal da situação do principal estabelecimento e, na falta deste, o do domicílio ou da sede do arguido. Tem-se como principal estabelecimento aquele em que o arguido exerce maior actividade comercial".

[55] Código do Processso Comercial Anotado, 3.ª edição I Vol. pág.119.

por intermédio de estabelecimentos próprios, desenvolvem a respectiva actividade comercial. Deve reconhecer-se que nem sempre este sentido técnico é respeitado.

É comum nos dias de hoje, ouvir falar-se um pouco por todo o lado, por exemplo de agências bancárias ou delegações bancárias, ou agências ou delegações de seguros em situações que não assentam, não têm por base um contrato de agência ou outros contratos de intermediação análogos. Nesses casos o correto seria e é falar-se em balcões E a própria lei das sociedades comerciais usa no artigo 4.º o termo estabelecimento em representação permanente de sociedades estrangeiras sem que para tal pressuponha uma base contratual.

A filial é uma nova sociedade, pessoa jurídica criada por outra ou outras sociedades que, por isso, em relação àquela se designam por sociedade mãe.

Em via de regra a sociedade mãe e sociedade filha têm nacionalidades diferentes, e a sociedade mãe é assim designada por deter a maioria do capital social da filial – a sociedade filha, que aparece associada a empresários locais. Os casos mais comuns ocorrem com os bancos de uma determinada nacionalidade que depois criam outro banco num outro território. Entre nós, veja-se o caso do Banco Espírito Santo de Portugal que criou em Angola o BESA, Banco Espírito Santo de Angola, associando-se a empresários nacionais e detendo a maioria do capital. O BESA é pois uma filial do BES; do mesmo modo que o BPI, Banco Português de Investimentos de Portugal, criou em Angola o BFA, Banco de Fomento de Angola. O BFA é pois uma filial do BPI.

Vale a pena recordar que o termo filial é em muitas ocasiões usado para designar uma dependência de uma sociedade noutro local do país, o que é naturalmente errado. Em Cabinda, temos um exemplo clássico. Na baixa da cidade temos uma empresa com os dizeres "filial" de uma conhecida empresa de material informático, (passe a publicidade) de nome *"SISTEC"* com sede em Luanda.

Ora neste caso, em vez de filial, estamos diante de uma verdadeira sucursal, isso porque em boa verdade não estamos diante de uma nova empresa, "a empresa filha", criada pela empresa mãe, mas estamos antes diante de uma verdadeira dependência da **SISTEC**. Também é usual na vida mercantil ver-se o termo filial a ser usado para designar a sucursal do comerciante em país estrangeiro.

5. Os Centros Comerciais

A celeridade da vida mercantil criou novas formas de comércio e de organização dos comerciantes. A mais inovadora foi sem dúvida o aparecimento um pouco por todo o mundo dos Centros Comerciais.

O desenvolvimento dos centros comerciais veio colocar novas e interessantes questões jurídicas ao estabelecimento comercial. Pode por exemplo questionar-se o seguinte. A unidade constituída por diversas lojas é um estabelecimento comercial?

À primeira vista a resposta parece ser positiva. Há um conjunto de meios materiais e humanos organizados pela empresa que instituiu o centro comercial de modo a torná-lo apto a desempenhar uma função económica. Estão pois aqui reunidos os elementos integradores da noção de estabelecimento comercial, e por isso se pode concluir que o centro comercial é um estabelecimento comercial.

Antes de abrirem ao público, enquanto simples espaços, a sua inserção na unidade, que é o centro comercial, atribui-lhes um valor comercial, uma aptidão para atrair clientela e gerar lucros que faz desses simples espaços comerciais partes de um estabelecimento comercial e, como tal, susceptíveis de serem cedidos mediante contratos, que não são contratos de arrendamentos normais aos quais se apliquem directamente as regras gerais dos arrendamentos para comércio[56].

6. Regime Jurídico do Estabelecimento Comercial

Neste número vamos tratar das situações em que o estabelecimento comercial é objecto de negócios, e com que regime jurídico o estabelecimento comercial é tido em conta pela lei.

Para esse efeito, começaremos pelo tema do estabelecimento comercial enquanto objecto de negócios e logo depois veremos se o mesmo é considerado como um objecto de direitos.

---

[56] Sobre os Centros Comerciais, veja-se J.M. Antunes Varela "Centros Comerciais" in Estudos de Homenagem ao Professor Doutor Ferrer Correia, 2.º vol. pág. 64 e segs.

A. TRESPASSE DO ESTABELECIMENTO COMERCIAL

O artigo 1118.º do Código Civil dispõe o seguinte:

1. É permitida a transmissão por acto entre vivos da posição do arrendatário, sem dependência da autorização do senhorio, no caso de trespasse de estabelecimento comercial ou industrial.

2. Não há trespasse:
a) Quando a transmissão não seja acompanhada de transferência, em conjunto, das instalações, utensílios ou outros elementos que integram o estabelecimento.
b) Quando transmitido o gozo do prédio, passe a exercer-se nele outro ramo de comércio ou industria, ou quando, de um modo geral, lhe seja dado outro destino.

3. O trespasse só é válido se for celebrado por escritura pública.

Tem sido muito discutida, em direito, a noção de trespasse, e os autores não são unânimes quanto ao conceito preciso desta importante figura jurídica do comércio. Porém, de quanto ficou dito do seu regime jurídico pode retirar-se o seguinte conceito jurídico de trespasse:

A transmissão da posição de arrendatário de um estabelecimento comercial ou industrial com destino ao mesmo ramo de comércio ou industria que ali vinha sendo exercido, e quando acompanhada da transferência, em conjunto, das instalações, utensílios, mercadorias ou outros elementos que integram o mesmo estabelecimento.

Como facilmente se depreende, a noção legal de trespasse assume o maior interesse, dado que, a verificarem-se os requisitos estabelecidos na lei, o arrendatário tem o direito de transmitir a sua posição sem dependência de autorização do senhorio.

Vale a pena esclarecer ainda que, na disciplina de contabilidade se usa também a expressão "trespasse" no sentido de "conta".

A rubrica «trespasse», que pode aparecer na primeira coluna de alguns balanços (lado do activo), é equivalente a chave do estabelecimento; e corresponde à maior valia desta com base na "clientela", esta derivada sobretudo da localização e reputação do estabelecimento.

B. CESSÃO DA EXPLORAÇÃO DE ESTABELECIMENTO COMERCIAL

O artigo 1085.º do Código Civil dispõe o seguinte:

1. Não é havido como arrendamento de prédio urbano ou rústico o contrato pelo qual alguém transfere temporária e onerosamente para outrem, juntamente com a fruição do prédio, a exploração de um estabelecimento comercial ou industrial nele instalado.
2. Se, porém, ocorrer alguma das circunstâncias previstas no n.º 2 do artigo 1118.º, o contrato passa ser havido como arrendamento do prédio.

Pelo texto do preceito se depreende que a cessão de exploração de estabelecimento comercial é o contrato entre vivos pelo qual se transfere onerosamente, a título temporário, um estabelecimento comercial.[57]

As diferenças entre o regime jurídico do Trespasse e o da Cessão de Exploração de Estabelecimento Comercial são evidentes. A Cessão de Exploração tem carácter temporário e é necessariamente oneroso. Assim, e a contrário sensu, o Contrato de Trespasse tem carácter necessariamente definitivo e tanto pode ser oneroso como gratuito.

O objectivo do artigo 1085.º do Código civil ao estabelecer este regime jurídico foi o de definir as condições em que a exploração do estabelecimento pode ser cedida, sem a submissão ao apertado regime do arrendamento.

Assim sendo, não é necessário autorização do senhorio, com a consequente inexistência da faculdade de resolução do arrendamento; e, por outro lado, se o titular do estabelecimento comercial for o proprietário do prédio, não há renovação automática da cessação de exploração.

As condições de cessão de exploração de estabelecimento comercial são as mesmas que estão previstas para o trespasse, e por isso, se remete o seu estudo para o que antes se disse.

---

[57] J.M. Coutinho de Abreu "Curso de Direito Comercial" Vol. I pág. 304.

C. NATUREZA JURÍDICA DO ESTABELCIMENTO COMERCIAL

1. Questão previa

O estabelecimento comercial constitui uma coisa susceptível de ser objecto de um direito, como, por exemplo, um prédio pode ser objecto dos direitos de propriedade, usufruto, etc? É esta a verdadeira questão do estabelecimento como objecto de direitos![58]

A natureza e o escopo desta disciplina que se pretende elementar e estrita aos pressupostos que permitam a compreensão das principais matérias que envolvem o direito comercial não se compagina com o estudo pormenorizado da natureza jurídica do estabelecimento comercial e nem tão pouco das múltiplas doutrinas que a pretendem explicar com detalhe, algumas das quais nem sequer têm qualquer acolhimento no ordenamento jurídico angolano nem sequer no direito português que nos é mais próximo em termos de direito comparado.

Do mesmo modo, devemos rejeitar liminarmente a doutrina que vê no estabelecimento comercial um património autónomo, à semelhança do que sucede com o Estabelecimento Individual de Responsabilidade Limitada, E.I.R.L. figura jurídica existente no direito português, mas não acolhida no nosso ordenamento.

Mas de toda forma, não podemos deixar de considerar as doutrinas que consideram o estabelecimento uma universalidade ou uma coisa incorpórea. Vamos de seguida proceder ao estudo das principais doutrinas que assentam nesses pressupostos.

1. Doutrina da Universalidade

A doutrina portuguesa, principal fonte doutrinária do direito comercial angolano, considera o estabelecimento comercial uma universalidade. Trata-se de uma pluralidade de coisas que, pertencendo à mesma pessoa, têm um destino unitário. Daí a semelhança com a universalidade de facto prevista no artigo 206.º do Código Civil.

---

[58] Sobre a natureza jurídica do estabelecimento, veja-se Miguel Pupo Correia, "Direito Comercial" ob. cit. pág. 303-

Todavia, a semelhança não é total. O estabelecimento pode ter na sua composição imóveis; por isso não é uma universalidade de facto no sentido do artigo 206.º do C.C., como o é, por exemplo, um rebanho; contudo, a pertença à mesma pessoa e a unidade de destino levam os defensores desta corrente doutrinária a afirmar a tese da universalidade, embora de uma espécie diferente da prevista no artigo 206.º do Código Civil.

E, acrescentam esses doutrinários, trata-se de uma coisa corpórea porque os elementos prevalentes revestem essa natureza. Daí que possa ser objecto do direito de propriedade regulado no Código Civil (artigo 1302.º do C.C.). Com os respectivos meios de defesa (artigo 1312.º e seguintes); da posse (artigo 1251.º e seguintes); de usucapião (artigo 1287.º e seguintes) e de usufruto (artigo 1446.º e seguintes)[59].

3. Doutrina do bem imaterial ou coisa incorpórea

Os defensores desta doutrina defendem que o estabelecimento constituí uma coisa susceptível de direitos, mas é uma coisa incorpórea ou imaterial – um bem imaterial que necessita de ser "encarnado num lastro material ou corpóreo". Ferrer Correia é o seu mais distinguido defensor.

E tal como existe a propriedade intelectual, relativa a direitos de autor e à propriedade industrial, também existirá uma propriedade análoga sobre o estabelecimento[60].

À partida esta doutrina suscita-nos a seguinte interpretação. Ela tem o mérito de descrever o estabelecimento comercial tal qual ele é.

O estabelecimento comercial é um bem incorpóreo. Mas sobre o estabelecimento, não existe qualquer direito análogo aos direitos de autor ou de propriedade industrial, nem, muito menos, o análogo ao direito de propriedade do Código Civil.[61]

---

[59] Manuel António Pita " Curso Elementar de Direito comercial " Áreas Editoras; Lisboa, Setembro de 2004; pág. 282.

[60] Idem, pág. 283

[61] A afirmação de que não há propriedade no estabelecimento parece ter contra si diversos textos legais. São poucos, no entanto, os lugares onde a lei fala de propriedade ou dos proprietários do estabelecimento, além da lera da lei não poder ser decisiva, o seu alcance é sem dúvida reduzido quando coloca lado a lado o dono e o proprietário (C. Civiul artigo 1559.º e 1560.º). A esse respeito veja-se J.M. Coutinho de Abreu "Curso de Direito Comercial". Ob. cit. p. 236,

4. O Estabelecimento comercial é um objecto de direitos

De quanto ficou dito, afigura-se, pois, mais adequada ao direito vigente, a doutrina que considera o estabelecimento comercial apenas uma unidade negocial objecto de certos negócios.

Desta conclusão decorre a necessidade de em cada negócio concreto determinar os elementos componentes do estabelecimento, cujos direitos se pretende transmitir.

A transmissão do estabelecimento não implica a transmissão imediata de todas as situações jurídicas que o transmitente tinha adquirido na sua exploração.

Como consequência directa da transmissão do estabelecimento, transmitem-se apenas aquelas situações juríedicas de natureza real que têm por objecto as coisas materiais essenciais à unidade económica transmitida; presume-se a transmissão dos direitos reais que incidem sobre os elementos naturais, presunção ilídivel, e por conseguinte, que pode ser afastada pelas partes; a transmissão dos direitos reais sobre os elementos acessórios depende da declaração expressa dos contratantes.

Os créditos e os débitos do comerciante titular do estabelecimento só se transmitem para o comerciante adquirente nos termos gerais da cessão de créditos,[62] e da transmissão singular de dívidas; [63] e o mesmo se diga relativamente à posição jurídica em contratos com prestações recíprocas, cuja cessão apenas se fará segundo o disposto no artigo 424.º e seguintes do Código Civil. Por exemplo, os contratos de fornecimento de matérias primas necessárias à fábrica só se transmitem automaticamente, se essa transmissão estiver consignada no contrato inicial; na ausência dessa cláusula, a transmissão depende do consentimento do outro contraente.

Naturalmente que este regime cede perante norma imperativa que disponha de modo diverso.

É o que sucede no caso do trespasse e da cessão de exploração. O regime dos direitos de propriedade industrial está consagrado na Lei respectiva. A transmissão do estabelecimento comercial envolve a transmissão da respectiva marca, nome e insígnia, salvo estipulação em contrário, como determinam os artigos 36.º e 57.º da Lei n.º 3/92 de 28 de Fevereiro, Lei da Propriedade Industrial.

---

[62] Artigo 577.º do Código Civil.
[63] Artigo 595.º C.Civil.

CAPÍTULO II

Os Títulos de Crédito Mercantis

Estudado o estabelecimento comercial e as suas distintas nuances, cabe agora estudar algumas noções acerca dos títulos de crédito mercantis, porque eles são os documentos em que se concretizam muitos contratos, sobretudo contratos comerciais.

Título de crédito, é como o próprio nome indica, o documento representativo de um crédito que uma determinada pessoa, o credor, tem sobre outra determinada pessoa, o devedor, e pode transmitir-se facilmente. A qualidade de credor passa de uma para outra pessoa, em muitos casos pela mera transferência do documento e, noutros casos, com mais o preenchimento de formalidades simples.

Nestes termos, o direito que os títulos de crédito representam, e consubstanciam, não pode ser exercido sem a posse do documento. Quer dizer, se nós formos legítimos possuidores de um cheque, por exemplo, e se por qualquer eventualidade o inutilizarmos, não podemos receber a importância dele constante, porque o não apresentamos ao banco sacado.

A posse do título em si, é, pois, condição indispensável para exigir o crédito nele inscrito.

E é atendendo a esta característica fundamental do título de crédito, além de outras, que ele se tem definido: título de crédito é o documento necessário para se exercer o direito literal que nele se menciona[64].

Têm-se apresentado várias classificações dos títulos de crédito, interessando-nos dessas, a classificação que distingue os títulos de crédito consoante a forma da sua transmissão, por ser esta classificação a que

---

[64] Por titularidade deve entender-se que o documento só vale pelo que nele está inscrito. Além da titularidade, outra característica essencial dos títulos de crédito é autonomia, querendo-se significar assim que o portador do título tem um direito próprio independente quaisquer obrigações existentes entre o primeiro credor e o devedor.

se afigura mais importante do ponto de vista legal. E nesse contexto, os títulos de crédito podem ser:

a) Nominativos
b) À ordem; e
c) Ao portador

A transmissão dos títulos de crédito nominativos efectua-se por meio de declaração e averbamento.

Estes títulos de crédito são emitidos a favor de uma pessoa determinada, perante a qual o emitente se obriga; e, quando aquela os quiser transmitir, bastar-lhe-á fazer uma declaração escrita, da qual conste o nome do novo possuidor, declaração que será averbada nos livros de registo da entidade que emitiu os títulos. Exemplos frisantes de títulos desta natureza são as acções e as obrigações (quando nominativas).

Os títulos à ordem transferem-se por meio de endosso. O endosso não é mais do que uma simples ordem, geralmente escrita no verso do documento e expressa nos seguintes termos "Pague-se ao Sr. F......, ou à sua ordem".

Os títulos desta natureza que o uso comercial mais tem generalizado, são: as letras; livranças; cheques (quando não forem ao portador); conhecimentos de depósito e cautelas de penhor (dos armazéns gerais); guias de transporte (quando passadas à "ordem") e conhecimentos de carga (do transporte marítimo, também quando passados "à ordem").

Nos títulos ao portador a transmissão opera-se por simples tradição, isto é, pela sua entrega real.

Não é necessária, pois, qualquer declaração ou outra formalidade: apenas a passagem do título da mão de uma pessoa para a mão de outra pessoa.

Essa entrega do título é também necessária, mas não bastante, em qualquer das outras espécies de títulos de crédito – nominativos e à ordem – pois, como se referiu atrás, a posse do documento é condição indispensável para se exercer o direito que nele se menciona.

São títulos de crédito ao portador de uso muito frequente: as notas de banco; e quando passados ao portador – os cheques, as acções, as obrigações, os conhecimentos de carga e as guias de transporte.

1. LETRA

A Letra, não é mais do que um título de crédito à ordem, sujeito a certas formalidades, pelo qual uma pessoa (o sacador) ordena a outra pessoa (o sacado) que lhe pague a si, ou a outra pessoa (o tomador), determinada importância.

O título VI do Livro 2.º do Código Comercial Angolano intitulado "Das Letras, Livranças e Cheques" encontra-se hoje substituído pela Lei Uniforme Relativa às Letras e Livranças *e pela Lei Uniforme Relativa ao cheque, diplomas que constituem as Convenções Internacionais aprovadas por ratificação, pelo Decreto-Lei n.º 23721, de 29 de Março de 1934, que integra os Anexos deste III Volume do Manual de Direito Comercial Angolano.*

O Decreto-Lei 13004, de 12 de Janeiro de 1927, que veio alterar e completar a regulamentação do cheque inserta no Código Comercial (artigos 341.º a 343.º), está hoje também substituído pela Lei Uniforme relativa às Letras e Livranças (Diploma que consta de Convenção Internacional aprovada pelo Decreto-Lei n.º 23721, de 29 de Março de 1934), e que integra os Anexos deste III Volume do Manual de Direito Comercial Angolano.

a) *Indicações Essenciais Que Deve Conter*

Em conformidade com o que dispõe o artigo 1.º da Lei Uniforme de Letras e Livranças que integra os Anexos deste III Volume do Manual de Direito Comercial Angolano, a letra deve conter:

1.º A palavra letra inserta no próprio texto do título e expresso na língua empregada para a redacção desse título;
2.º O mandato puro e simples de pagar uma quantia determinada;
3.º O nome daquele que deve pagar (sacado);
4.º A época do pagamento;
5.º A indicação do lugar em que se deve efectuar o pagamento;
6.º O nome da pessoa a quem ou a ordem de quem deve ser paga;
7.º A indicação da data em que, e do lugar onde a letra é passada;
8.º A assinatura de quem passa a letra (sacador).

Todo o documento, a quem faltarem os requisitos antes indicados, não produzirá efeito como letra, salvo as excepções seguintes:

a) Quando não se indique a época do pagamento, a letra considera-se pagável à vista;

b) Quando não se indique o lugar do pagamento considera-se como tal o lugar designado ao lado do nome do sacado, e este considerar-se-á o lugar do domicílio do sacado;

c) Quando não se indique o lugar onde foi passada, considera-se como tal o lugar designado ao lado do nome do sacador[65].

Nestes termos, e em resumo, são requisitos essenciais da letra:

– a palavra «letra» escrita no título;
– o mandato de pagar certa quantia;
– o nome do sacado;
– o nome do sacador;
– a data em que foi passada;
– a assinatura do sacador.

Ao contrário, consideram-se requisitos não essenciais (ou supríveis):

– a época do pagamento
– o lugar do pagamento;
– o lugar onde a letra foi passada.

a) *SAQUE*

Quem dá a ordem para pagamento de certa quantia ou, mais tecnicamente, quem saca a letra, é a entidade chamada sacador, que pode ser uma pessoa individual ou uma sociedade; a pessoa a quem é dada a ordem denomina-se sacado e pode ser, do mesmo modo, uma pessoa singular, ou uma pessoa colectiva – uma sociedade – .[66]

Ao acto de emissão da letra, pelo sacador, chama-se saque.[67]

A operação de letra surge geralmente entre comerciantes, quando um se encontra na posição de credor, em relação ao outro que figura como devedor.

Nestas condições, dois caminhos se oferecem ao sacador; ou manda que o sacado lhe pague, a si, ou a sua ordem, a importância do seu cré-

---

[65] Lei Uniforme de letras e livranças, artigo 2.º

[66] A letra pode ter também um ou mais sacadores e um ou mais sacados, o que não é raro suceder na vida mercantil.

[67] As entidades que emitam letras e editem livranças devem possuir registo onde conste o número sequencial, a data de emissão e o valor da letra ou livrança, bem como o valor e a data de liquidação do imposto.

dito; ou ordena que o referido pagamento se faça directamente a terceira pessoa, normalmente um seu credor, e que, por esse facto, assume a posição jurídica de tomador da letra.

A pessoa que apresenta a letra a pagamento toma a designação de portador, mas, num sentido amplo, a palavra «portador» serve para indicar qualquer pessoa que a tem em seu poder, «verbi gratia» o sacador, o tomador, que deverão ser numeradas um endossado, etc.

Quando se saca uma letra, podem emitir-se uma ou mais vias, isto é, pode ser passado apenas um exemplar da letra ou podem passar-se vários exemplares (vias) que deverão ser devidamente numeradas (1ª via, 2.ª via, 3.ª via, etc.)[68] Este último caso dá-se quando, dum modo geral, as letras são sacadas numa praça, para serem pagas noutras praças, e muito especialmente em letras sobre o estrangeiro. É assim uma medida de precaução, para prevenir um eventual extravio da primeira e ou da segunda via da letra.

Só nas letras pagáveis à vista, ou a um certo termo de vista, pode o sacador estipular que a sua importância vença juros. Em qualquer outra espécie de letra, a estipulação de juros será considerada não escrita.

Os juros, quando a eles houver lugar, contam-se a partir da data da letra, se outra não for indicada; e deve fixar-se sempre, no título, a taxa de juro, sob pena de não ser válida a cláusula de juros.[69]

Como é sabido, na letra é comum fazer-se a indicação da quantia a satisfazer por algarismos e por extenso; mas na hipótese de divergência entre uma e outra, prevalecerá a indicação feita por extenso.[70]

Quando a indicação da quantia se encontra feita por mais duma vez, quer por extenso quer em algarismos, e houver divergência entre essas indicações, prevalecerá a que estiver feita pela quantia inferior.[71]

O sacador é garante tanto da aceitação como do pagamento da letra. Pode exonerar-se, porém, da garantia da aceitação; mas toda e qualquer cláusula pela qual o sacador se exonere da garantia do pagamento, considera-se como não escrita.[72]

E bem se compreende que assim seja, visto que o sacador é, para assim dizer o criador da letra, ou seja, o seu primeiro signatário, aquele que põe a letra em circulação como valor mobilizável, representativo de

---

[68] Artigo 64.º da Lei Uniforme das Letras e Livranças.

[69] Artigo 5.º da Lei Uniforme de Letras e Livranças.

[70] Artigo 6.º da Lei Uniforme de Letras e Livranças.

[71] Artigo 6.º da Lei Uniforme de Letras e Livranças.

[72] Artigo 9.º da Lei Uniforme de Letras e Livranças.

dinheiro. É assim mais do que lógico que deva ser ele o responsável pelo seu pagamento na hipótese de o sacado a não pagar.

c) *ENDOSSO*

A letra, por natureza, é um título de crédito que envolve a cláusula «à ordem»; e só perde essa característica fundamental mediante convenção expressa em contrário.

O sacador pode, pois, inserir na letra as palavras «não à ordem» ou outra expressão equivalente, mas, só neste caso, o documento deixa de ser um título à ordem e deixa, consequentemente, de poder transmitir-se por endosso.[73]

Endossar uma letra significa transferir para outrem todos os direitos dela emergentes. A pessoa que transfere o título denomina-se endossante; o seu adquirente chama-se endossado.

O endosso deve escrever-se na letra ou numa folha ligada a esta – o anexo – e tem de ser assinado pelo endossante.[74]

Há duas formas de endosso:

a) Endosso completo – em que se designa o novo proprietário da letra (endossado), e constituído normalmente pela seguinte fórmula:

Pague-se ao Sr. F....(endossado) ou à sua ordem.

Luanda, 31 de Janeiro de 2012

(a)......(assinatura do endossante)

b) Endosso incompleto, ou (endosso em branco) – constituído pela simples assinatura do endossante, escrita no verso da letra, ou na folha anexa. (Este endosso para ser válido tem de escrever-se no verso da letra ou na folha anexa).[75]

O endosso pode ser feito mesmo a favor do sacado (aceitante ou não), do sacador ou de qualquer co-obrigado; e estas pessoas podem endossar novamente a letra.[76]

É importante também frisar que o endosso deve ser puro e simples; qualquer condição a que ele seja subordinado considera-se como não

---

[73] Artigo 11.º da Lei Uniforme de Letras e Livranças.
[74] Artigo 13.º da Lei Uniforme de Letras e Livranças.
[75] Idem.
[76] Artigo 11.º da Lei Uniforme de Letras e Livranças.

escrita. Além disso, é nulo o endosso parcial (feito por quantia inferior à da importância da letra); e o endosso ao portador só vale como endosso em branco.[77]

O endossante, salvo cláusula em contrário, é garante tanto da aceitação como do pagamento da letra; mas pode proibir um novo endosso e, neste caso, como é óbvio, já não garante o pagamento às pessoas a quem a letra for posteriormente endossada[78].

Na prática, é frequente verificar-se que o portador duma letra (sacador ou outro interveniente) encarrega um banco de a cobrar na altura do vencimento, mediante o pagamento de um prémio de cobrança. Nestes casos, far-se-á o endosso ao banco cobrador respectivo, acrescentando-se-lhe a menção «valor à cobrança» ou outra expressão equivalente.

d) *ACEITE*

Aceite é o acto pelo qual o sacado se obriga a pagar a letra na data de vencimento.[79]

Embora a lei não torne obrigatória apresentação ao aceite senão em casos especiais, é frequente submeter a este acto todas as letras, e isto porque o aceite traz consigo, em qualquer hipótese, vantagens sobremaneira apreciáveis que conferem uma garantia suplementar ao comerciante credor e que naturalmente este deita mão.

Assim, todos aqueles que assinam uma letra são solidariamente responsáveis pelo seu pagamento e, por este motivo, pode o portador da letra, normalmente, exigir o seu embolso de qualquer dos signatários da mesma, podendo recorrer aos tribunais no caso de recusa por parte deles.[80]

Ora, manifestamente, se o sacado não tiver aceite a letra, não inscreve nela a sua assinatura, não é seu signatário e, consequentemente, é vedado ao portador demandá-lo em juízo pelo facto do seu não pagamento.

Até ao dia do vencimento, a letra pode ser apresentada ao aceite do sacado, no seu domicilio, pelo portador ou até por um simples detentor.[81]

O sacador pode, em qualquer letra, estipular que ela será apresentada ao aceite, com ou sem fixação de prazo; pode também estipular que

---

[77] Artigo 12.º da Lei Uniforme de Letras e Livranças.
[78] Artigo 15.º da Lei Uniforme de Letras e Livranças.
[79] Artigo 28.º da Lei Uniforme de Letras e Livranças.
[80] Artigo 28.º da Lei Uniforme de Letras e Livranças.
[81] Artigo 21,º da Lei Uniforme de Letras e Livranças.

a apresentação não poderá efectuar-se antes de determinada data; e tem a faculdade de, na própria letra, proibir a sua apresentação ao aceite, salvo se ela for pagável em domicilio do sacado, ou uma letra sacada a certo termo de vista.[82]

Neste último caso – letras a certo termo de vista – a apresentação ao aceite deve fazer-se dentro do prazo de um ano a partir das suas datas, podendo o sacador reduzir ou estipular outro maior. Os aludidos prazos podem ainda ser reduzidos pelos endossantes.[83]

O sacado pode pedir que a letra lhe seja apresentada uma segunda vez, no dia seguinte ao da primeira apresentação.[84]

O aceite tem de ser escrito na própria letra e assinado pelo sacado. Reveste duas modalidades: aceite completo e aceite incompleto.

O aceite completo é constituído pela assinatura do sacado, feita em qualquer parte da letra e precedida das palavras «aceite», «dou o meu aceite», «aceito», «aceitamos», ou de quaisquer outras expressões que exprimam a mesma ideia de consentimento, aceitação. O aceite incompleto compreende apenas a assinatura do sacado aposta na parte anterior da letra.[85]

Actualmente está universalmente generalizado o uso de escrever o aceite em sentido transversal, no lado esquerdo da face principal da letra, isto é, «ao alto» e à esquerda da letra.

É este o uso mercantil mais generalizado, mas se o aceite for completo, é válido seja qual for o lugar e a face da letra em que se escrever, pois pode originar confusões, e se o aceite for incompleto, poderá escrever-se em qualquer lugar da parte anterior da letra face principal.[86]

O aceite só necessita de ser datado, quando se trate duma letra pagável a certo termo de vista, ou que deve ser apresentada ao aceite dentro dum prazo determinado por estipulação especial. Nos demais casos, não é obrigatório datar o aceite.

E justifica-se perfeitamente a exigência de data nas circunstâncias referidas, visto que, nas letras a certo termo de vista, o prazo ou termo se conta a partir da data do aceite; e nas letras em que se tenha estipulado um prazo determinado, para apresentação ao aceite, só através da data se pode verificar se a estipulação foi cumprida.

---

[82] Artigo 22.º da Lei Uniforme de Letras e Livranças.
[83] Artigo 23.º da Lei Uniforme de Letras e Livranças.
[84] Artigo 24.º da Lei Uniforme de Letras e Livranças.
[85] Artigo 25.º da Lei Uniforme de Letras e Livranças.
[86] Idem.

Na falta de data – quando esta for necessária –, o portador, para conservar os seus direitos de recurso contra os endossantes e contra o sacador, deve fazer constar essa omissão por um protesto feito em tempo útil.[87]

O aceite é puro e simples mas o sacado pode limitá-lo a uma parte da importância sacada (aceite principal).[88]

e) *O AVAL*

O Aval é uma garantia dada por terceiro ao pagamento total ou parcial de uma letra. O Aval é uma garantia que pode ser prestada por qualquer pessoa signatário da Letra.[89]

O avalista ou dador do aval, responsabiliza-se pelo pagamento da letra e, no caso de a vir a pagar, pode exigir a importância respectiva, tanto da pessoa a favor de quem prestar o aval (o avalado ou afiançado), como de qualquer signatário para com esta obrigado.[90]

É importante acrescentar também que não é necessário pedir primeiro ao avalado ou afiançado o cumprimento da obrigação, para depois, e só na recusa deste, se exigir o pagamento a qualquer outro signatário obrigado, pois todos são solidariamente responsáveis para com o portador.[91]

O aval, nos mesmos termos do aceite ou do endosso, pode igualmente ser completo ou incompleto.

O aval completo é constituído pela assinatura do avalista precedida das fórmulas: «Bom para aval»; «Dou o meu aval a favor de F....»; «Por garantia»; ou outras fórmulas que claramente exprimam a mesma intenção de garantir o pagamento da letra. Estas fórmulas podem ser escritas em qualquer parte da letra ou do anexo, mas é de uso comercial escreverem-se por baixo da assinatura do avalado.[92]

O aval incompleto é constituído pelas simples assinaturas do avalista aposta na face da letra, excluídas evidentemente as assinaturas do sacador e do aceitante.[93]

Em conformidade com o exposto, verifica-se que nem sempre o avalista menciona a pessoa a favor de quem presta o aval, na hipótese

---

[87] Artigo 25.º da Lei Uniforme de Letras e Livranças.
[88] Artigo 26.º da Lei Uniforme de Letras e Livranças.
[89] Artigo 30.º da Lei Uniforme de Letras e Livranças.
[90] Artigo 32.º da Lei Uniforme de Letras e Livranças.
[91] Artigo 47.º da Lei Uniforme de Letras e Livranças.
[92] Artigo 31.º da Lei Uniforme de Letras e Livranças.
[93] Idem.

de o não fazer, considera-se o aval em benefício do sacador. Este critério, adoptado pela Lei Uniforme, vem consagrado no artigo 31.º e está expresso nos termos seguintes:

"O aval deve indicar a pessoa por que se dá. Na falta de indicação entender-se-á pelo sacador".

Assim deve ser, porque é o sacador, como já antes se disse, o primeiro signatário da letra, o seu criador, e, como tal, também o primeiro responsável pelo seu pagamento. Por isso, o aval, que não indique a pessoa avalizada, se considera como dado ao sacador, para que desempenhe plenamente a sua função de garantia perante aquele que tenha o direito de receber a importância inscrita na letra.

f) *VENCIMENTO E PAGAMENTO*

Vencimento de uma letra é a data em que o portador pode exigir o seu pagamento.

O vencimento pode ser:

a) À vista;
b) A termo de vista (ou «prazo de vista»);
c) A termo de data (ou «a prazo»);
d) Em dia fixo.[94]

Vencimento à vista – a letra vence-se no próprio dia da sua apresentação; e deve ser apresentada a pagamento dentro do prazo de um ano, a contar da sua data salvo, estipulação especial do sacador ou do endossante.[95]

Exemplo: «A vista pagará V. Sª......»

Vencimento a termo de vista – a letra vence-se no prazo nela indicado, contando-se este prazo a partir da data do aceite ou da data do protesto por falta de aceite.[96]

---

[94] Artigo 33.º da Lei Uniforme de Letras e Livranças.
[95] Artigo 34.º da Lei Uniforme de Letras e Livranças.
[96] Artigo 35.º da Lei Uniforme de Letras e Livranças.

Na falta de protesto, o aceite não datado entende-se, no que respeita ao aceitante, como tem sido dado no último dia do prazo para a apresentação ao aceite.[97]

Exemplo: «A oito dias de vista pagará V. Sª......»

Vencimento a prazo (ou a termo de data) – a letra vence-se decorrido o prazo nela estabelecido, que se calcula a partir da data do saque (data em que a letra foi passada).

Exemplo: «Aos 16 dias de Dezembro do ano corrente pagará V. Sª......», ou «A 30 de Dezembro de 2012 pagará V. Sª.....».

No que respeita à contagem do tempo para o vencimento das letras, importa reter as seguintes normas:

a) Se a letra for sacada a um ou mais meses de data ou de vista, o seu vencimento será na data correspondente do mês em que o pagamento se deve efectuar; e na falta de data correspondente, o vencimento será no último dia desse mês.

Assim, quando uma letra for sacada no dia 31 de Agosto, a 2 meses de data terá o seu vencimento na data correspondente do mês de Outubro – dia 31 – mas, se for sacada a três meses de data, o seu vencimento, que deveria recair em 31 de Novembro passa para 30 de Novembro, que é o último dia do mês em questão;

b) Quando a letra é sacada a um ou mais meses e meio de data ou de vista, contam-se primeiro os meses inteiros e depois o espaço de meio mês (quinze dias).

c) Se o vencimento for fixado para o princípio, meado ou fim do mês, entende-se que a letra será vencível respectivamente, no primeiro dia, no dia quinze, ou no último dia desse mês;

d) As expressões «oito dias» ou «quinze dias» entendem-se não como uma ou duas semanas, mas como um prazo de oito ou quinze dias efectivos.

e) A expressão «meio mês» indica um prazo de quinze dias.[98]

---

[97] Idem.
[98] Artigo 36.º da Lei Uniforme de Letras e Livranças.

Ordinariamente, as letras vencem-se no dia ou no prazo fixado como se viu. Contudo em casos especiais, a letra torna-se exigível antes do seu vencimento, podendo o portador, desde logo, exercer os seus direitos de acção contra os endossantes, sacador e ou outros co-obrigados.

Estes casos são principalmente: a recusa total ou parcial do aceite; a falência ou suspensão de pagamentos por parte do sacado, e a falência do sacador (na hipótese de uma letra não aceitável).[99]

O portador de uma letra pagável em dia fixo, ou a certo tempo de data ou de vista, deve apresentá-la a pagamento no dia em que ela se vence ou num dos dois dias úteis seguintes.[100]

A apresentação da letra a uma câmara de compensação equivale à apresentação a pagamento.[101]

Se o sacado paga a letra, pode exigir que ela lhe seja entregue com a respectiva quitação (recibo passado geralmente no verso da letra).

É importante frisar que o portador não pode recusar qualquer pagamento parcial por conta da letra e, nesta hipótese, o sacado tem o direito de exigir que desse pagamento se faça menção na letra e que lhe seja dada a respectiva quitação.[102]

O portador de uma letra não pode ser obrigado a receber a importância dela antes do vencimento.[103]

g) *PROTESTOS POR FALTA DE ACEITE E POR FALTA DE PAGAMENTO*

1. Protestos

Se o pagamento da letra não for efectuado na data do vencimento, o portador pode exercer os seus direitos de acção (isto é, recorrer aos tribunais) contra os endossantes, sacador e outros co-obrigados. Até mesmo antes da data do vencimento o portador pode exercer a aludido direito de acção, mas só nos casos seguintes:

1.º Se houver recusa total ou parcial de aceite;

---

[99] Artigo 43.º da Lei Uniforme e Letras e Livranças.
[100] Artigo 38.º da Lei Uniforme de Letras e Livranças.
[101] Artigo 38.º da Lei Uniforme de Letras e Livranças.
[102] Artigo 39.º da Lei Uniforme de Letras e Livranças.
[103] Artigo 40.º da Lei Uniforme de Letras e Livranças.

A Propriedade Comercial 71

2.º Nos casos de falência do sacado (quer ele tenha aceite, quer não), de suspensão de pagamentos do mesmo (ainda que não verificada por sentença), ou de ter sido promovida, sem resultado, execução dos seus bens;

3.º No caso de falência do sacador de uma letra não aceitável.[104]

A recusa de aceite ou de pagamento da letra deve ser comprovada por um acto formal, denominado protesto.[105]

O protesto, é portanto, o acto pelo qual se faz comprovar e certificar a falta de aceite ou de pagamento de uma letra.

Do que ficou exposto se infere que há duas espécies de protesto:

– Protesto por falta de aceite;
– Protesto por falta de pagamento.

O protesto por falta de aceite deve fazer-se nos prazos fixados para a apresentação ao aceite (em geral, até à data do vencimento; e nas letras, a certo termo de vista, dentro de um ano a contar das suas datas).

PRAZO

1. A apresentação para protesto deve ser feita até uma hora antes do termo do último período regulamentar de serviço, nos prazos seguintes:

a) Por falta de aceite de letras pagáveis em dia fixo ou a certo termo da data, ou de letras sacadas a certo termo de vista, até ao dia em que podem ser apresentadas ao aceite;

b) Por falta de data no aceite de letras pagáveis a certo termo de vista ou que, por estipulação especial, devam ser apresentadas para a apresentação a protesto por falta de aceite;

c) Por falta de pagamento de letras nas condições da alínea *a*), num dos dois dias úteis seguintes àquele ou ao último daqueles em que a letra é pagável;

d) Por falta de pagamento de letras pagáveis à vista, dentro do prazo em que podem ser apresentadas a pagamento;

e) Nos casos dos artigos 66.º e 68.º da Lei Uniforme de Letras e Livranças, quando o portador quiser.

---

[104] Artigo 43.º da Lei Uniforme de Letras e Livranças.
[105] Artigos 44.º , 21.º e 23.º.

72   *Manual de Direito Comercial Angola*

2. Os protestos produzem efeitos desde a data da apresentação.[106]

DIFERIMENTO DO PRAZO

1. Nos casos previstos na primeira Línea do artigo 24.º e na parte final da terceira alínea do artigo 44.º da Lei Uniforme relativa às Letras e Livranças, se a apresentação da letra para aceite ou pagamento tiver sido feita no último dia do prazo, a apresentação a protesto pode fazer-se no dia imediato.

2. O fim do prazo para apresentação e protesto é transferido para o dia útil imediato, sempre que coincida com o dia em que estejam encerrados os cartórios notariais ou as instituições de crédito.

3. O fim de todos os prazos a que se reportam o presente artigo e o artigo anterior é diferido, para os estabelecimentos bancários e respectivos correspondentes nacionais, até ao dia imediato.[107]

RECUSA DE PROTESTO

1. O apresentante deve entregar a letra acompanhada das cartas--aviso necessárias às notificações a efectuar, devidamente preenchidas e estampilhadas.

2. As cartas-aviso a que se refere o número anterior obedecem a modelo aprovado.

3. A apresentação das letras é registada no livro próprio, segundo a ordem da sua entrega no cartório notarial.

4. Apresentada a letra, nela devem ser anotados o número e a data da apresentação e aposta a rubrica do notário.[108]

APRESENTAÇÃO DE LETRAS

1. O apresentante deve entregar a letra acompanhada das cartas--aviso necessárias às notificações a efectuar, devidamente preenchidas e estampilhadas.

---

[106] Artigo 121.º da Lei Uniforme de Letras e Livranças.
[107] Artigo 122.º da Lei Uniforme de Letras e Livranças.
[108] Artigo 123.º da Lei Uniforme de Letras e Livranças.

2. As cartas-aviso a que se refere o número anterior obedecem a modelo aprovado.

3. A apresentação das letras é registada no livro próprio, segundo a ordem da sua entrega no cartório notarial.

4. Apresentada a letra, nela devem ser anotados o número e a data da apresentação e aposta a rubrica do notário.[109]

NOTIFICAÇÕES

1. No dia da apresentação ou no 1.º dia útil imediato, o notário deve notificar o facto a quem deva aceitar ou pagar a letra, incluindo todos os responsáveis perante o portador.

2. As notificações são feitas mediante a expedição, sob registo do correio, das cartas-aviso que tiverem sido entregues juntamente com a letra, sendo arquivados no maço próprio os talões dos registos.[110]

RECIBO DE ENTREGA E DEVOLUÇÃO DE LETRAS

1. Da entrega das letras apresentadas a protesto deve ser entregue um recibo ao apresentante, em impresso de modelo aprovado, por ele preenchido.

2. A restituição das letras é feita contra a devolução do recibo de entrega, que é inutilizado.

3. No caso de extravio do recibo entregue, a devolução da letra deve fazer-se contra recibo do apresentante, que fica arquivado[111].

PROTESTOS DE OUTROS TÍTULOS

Ao protesto de livranças, cheques, extractos de facturas, ou de outros títulos que a lei sujeite a protesto, é aplicável o disposto nos artigos anteriores, em tudo o que não seja contrário à natureza desses títulos e à disciplina especial a que estão sujeitos[112].

---

[109] Artigo 124.º da Lei Uniforme de Letras e Livranças.
[110] Artigo 111.º da Lei Uniforme de Letras e Livranças.
[111] Artigo 129.º da Lei Uniforme de Letras e Livranças.
[112] Artigo 130.º da Lei Uniforme de Letras e Livranças.

Feito o protesto por falta de aceite, torna-se dispensável não só a apresentação a pagamento mas também, o protesto por falta de pagamento.[113]

No caso de falta de aceite ou de pagamento, o portador deve avisar o seu endossante e o sacador, dentro dos quatro dias úteis que se seguirem ao dia do protesto. Se a letra contiver a cláusula «sem despesas» ou «sem protesto» que dispensa o portador da formalidade do protesto (quer por falta de aceite quer por falta de pagamento), o aviso deve fazer-se do mesmo modo, mas contando-se os quatro dias a partir da data da apresentação.[114]

Cada um dos endossantes deve, por sua vez, dentro dos dois dias úteis que se seguirem ao da recepção do aviso, informar o seu endossante do aviso que recebeu e assim sucessivamente até se chegar ao sacador.[115]

Nem sempre, porém, o portador é obrigado a fazer o protesto para garantia de todos os seus direitos. Tanto o sacador como um endossante ou avalista podem, pela cláusula «sem despesas», «sem protestos» ou outra equivalente, dispensar o portador de fazer o protesto por falta de aceite ou por falta de pagamento. Se a cláusula em questão for escrita pelo sacador, produz os seus efeitos em relação a todos os signatários da letra; mas se for inserida por qualquer endossante ou avalista, só produz efeitos quanto a eles.[116]

Também se torna dispensável fazer o protesto de uma letra quando nela intervenham apenas sacador e aceitante, isso porque este último, sendo o devedor principal, responde sempre pelo pagamento da letra, independentemente daquela formalidade. É que o acto do protesto tem principalmente o efeito de garantir os direitos do portador contra os endossantes, sacador e avalistas, como claramente se depreende do artigo 53.º da Lei Uniforme relativa às Letras e Livranças que consagra o seguinte:

"Depois de expirados os prazos fixados:

– para a apresentação de uma letra à vista ou a certo termo de vista;

– para se fazer o protesto por falta de aceite ou por falta de pagamento;

– para a apresentação a pagamento no caso da cláusula «sem despesas».

---

[113] Artigo 44.º da Lei Uniforme de Letras e Livranças.
[114] Artigo 45.º da Lei uniforme de Letras e Livranças.
[115] Artigo 45.º da Lei Uniforme de Letras e Livranças.
[116] Artigo 46.º da Lei Uniforme de Letras e Livranças..

O portador perdeu os seus direitos de acção contra os endossantes, contra o sacador e contra os co-obrigados, à excepção do aceitante".

O aceitante da letra (devedor principal) é sempre responsável, portanto para com o portador, pelo respectivo pagamento; mas, desde que se cumpram as formalidades do protesto estabelecidas pela lei, são todos solidariamente responsáveis para com o portador. Este último tem o direito de accionar todas estas pessoas, individualmente ou colectivamente[117].

O portador da letra, quando recorre aos tribunais, tem o direito de reclamar:

1.º O pagamento da letra não aceite ou não paga, com juros se assim foi estipulado.
2.º Os juros à taxa de 7% desde a data de vencimento.[118]
3.º As despesas que tiver feito.[119]

Em lugar de recorrer aos tribunais para exigir o pagamento da letra, qualquer pessoa que tenha o direito de o fazer, pode, em vez desse procedimento judicial, usar de outro meio que a lei lhe faculta, para ser embolsado do seu crédito; sacar uma nova letra, à vista, sobre um dos coobrigados e pagável no domicílio deste.

A este acto chama-se o ressaque; e a nova letra (que será passada pela quantia do primitivo saque acrescida das despesas de protesto, juros e outras) denomina-se letra de recâmbio, letra de retorno ou simplesmente ressaque.[120]

h) *PRAZOS DE PRESCRIÇÃO DAS ACÇÕES DE LETRA E DISPOSIÇÕES GERAIS*

A letra (tal como a livrança, o cheque, etc.), é um título executivo, o que significa poder com ele instaurar-se, desde logo uma acção executiva,

---

[117] Accionar uma pessoa, significa «propor uma acção contra essa pessoa nos tribunais.

[118] A taxa anual dos juros legais e os estipulados sem determinação da taxa ou quantitativo é de 7% (artigo 559.º do Código Civil).

[119] Artigo 49.º da Lei Uniforme de Letras e Livranças.

[120] Artigo 52.º da Lei Uniforme de Letras e Livranças.

sem que haja necessidade de, antecipadamente, ser declarado pelos tribunais o direito do portador (credor), mediante acção declarativa.[121]

A acção de letra prescreve ao fim de certos prazos consignados na lei, consoante a pessoa que propõe a acção e a pessoa contra quem é ela proposta.

Dizer-se que a acção de letra prescreve ao fim de certo prazo significa que, passado esse prazo já não pode ser proposta a referida acção, sem prejuízo de recurso aos meios ordinários de processo nos tribunais.

De seguida passemos em revista, com o necessário pormenor, os vários prazos que a lei estabelece:

a) As acções contra o aceitante prescrevem ao fim de 3 anos a contar do vencimento da letra;

b) As acções propostas pelo portador contra os endossantes e contra o sacador, prescrevem no prazo de 1 ano, a contar da data do protesto feito em tempo útil, ou da data do vencimento no caso de letra contendo a cláusula «sem despesas»;

c) As acções propostas pelos endossantes uns contra os outros e contra o sacador, prescrevem em seis meses a contar do dia em que o endossante pagou a letra ou em que ele próprio foi accionado[122].

O pagamento duma letra, cujo vencimento recai em dia feriado legal, só pode ser exigido no primeiro dia útil seguinte. Da mesma forma, todos os actos respeitantes a letras, especialmente a apresentação ao aceite e o protesto, somente podem ser feitos em dia útil.

Quando um desses actos tem de ser realizado num determinado prazo, e o último dia desse prazo é feriado legal, fica o dito prazo prorrogado até ao primeiro dia útil que se seguir ao seu termo.[123]

2. LIVRANÇA

Livrança é um título à ordem sujeito a certas formalidades, pelo qual uma pessoa se compromete, para com outra, a pagar-lhe determinada importância em certa data.

---

[121] Artigo 46.º alínea *a*) e artigo 51.º do C.Processo Civil.

[122] Artigo 70.º da Lei Uniforme de Letras e Livranças.

[123] Artigo 72.º e 73.º da Lei Uniforme de Letras e Livranças.

A Propriedade Comercial 77

A livrança é, pois, um título comprovativo de dívida, que tem a particularidade – visto ser à ordem – de se transmitir por endosso.

Em conformidade com o que estipula o artigo 75.º da Lei Uniforme Relativa às letras e livranças, a livrança deve conter:

1.º a palavra «livrança» escrita no texto do título;
2.º a promessa pura e simples de pagar uma quantia determinada;
3.º a época do pagamento;
4.º a indicação do lugar em que se deve efectuar o pagamento;
5.º o nome da pessoa a quem, ou à ordem de quem, deve ser paga;
6.º a indicação da data em que e do lugar onde a livrança é passada;
7.º a assinatura de quem passa a livrança (subscritor).

O escrito em que faltar algum dos requisitos indicados anteriormente não produzirá efeitos como livrança, salvo as excepções seguintes:

a) Quando se não indique a época do pagamento, a livrança considera-se pagável à vista;

b) Quando se não indique o lugar do pagamento, considera-se como tal o lugar onde o escrito foi passado, e este considerar-se-á também o lugar do domicílio do subscritor da livrança;

c) Quando se não indique o lugar onde a livrança foi passada, considera-se como tal o lugar designado ao lado do nome do subscritor.[124]

O subscritor da livrança é responsável da mesma forma que o aceitante da letra[125].

Em geral, são aplicáveis às livranças, na parte em que não sejam contrárias à natureza deste título, as disposições legais que regulam a matéria de letras.[126]

De igual modo, o portador de livranças quando o respectivo pagamento estiver em mora pode exigir que a indemnização correspondente a esta consista em juros legais. A taxa anual de juros legais é de 7% como dispõe o n.º 1 do artigo 559.º do Código do Processo Civil.

As entidades que editem livranças devem possuir registo onde conste o número sequencial, a data de emissão e o valor da livrança, bem como o valor e a data de liquidação do imposto.

---

[124] Artigo 76.º da Lei uniforme de Letras e Livranças.
[125] Artigo 78.º da Lei Uniforme de Letras e Livranças.
[126] Artigo 77.º da Lei Uniforme de Letras e Livranças.

3. EXTRACTO DE FACTURA

a) *Condições em que é passado e indicações que deve conter*

O Extracto de Factura pode ser definido como sendo o titulo à ordem, sujeito a certas formalidades, que representa o crédito proveniente de uma venda mercantil a prazo, realizada entre comerciantes, e obrigatoriamente emitida sempre que esta transação não seja efectuada por meio de letra.[127]

Atente-se ao seguinte exemplo: António, comerciante no ramo de importação e exportação de bebidas e produtos alimentares, vende a Bernardo, comerciante proprietário de uma cadeia de supermercados, 200 caixas de vinho tinto Barca Velha, e 50 de Champanhe Mohet Chandon. O negócio é efectuado com o pagamento a prazo de três meses e não é representado por letra. Nestas condições, a lei exige para esta transacção que o comerciante vendedor, isto é, o comerciante António passe uma factura ou conta e a faça acompanhar do seu extracto.

O comerciante comprador, isto é, o comerciante Bernardo ficará com a factura e o comerciante António ficará com o extracto correspondente; Este extracto será conferido e aceite (assinado) pelo comprador, e deverá ser devolvido ao comerciante vendedor António, dentro do prazo estabelecido na lei.[128]

O extracto de factura deve ser passado no acto da entrega das mercadorias, ao mesmo tempo que a factura. Todavia, quanto às compras e vendas parcelarmente realizadas dentro de um período semanal, quinzenal, ou mensal, poderão passar-se simples notas de remessa em dois exemplares, dos quais um ficará em poder do comprador e o outro será devolvido ao vendedor com a assinatura ou rubrica e carimbo daquele.

O vendedor deverá passar no último dia do respectivo período uma factura geral, que mencionará apenas os números das notas de remessa e as importâncias totais de cada uma, factura que será acompanhada do competente extracto. Quando os comerciantes acordam em que o preço deve ser pago em prestações, o vendedor deverá passar, em vez de um só extracto relativo à venda efectuada, tantos extractos quantas forem as prestações convencionadas, e deverá indicar em cada um dos extractos, o número da prestação a que esse extracto corresponde.[129]

---

[127] Artigos 1.º e 3.º do Decreto n.º 19 490, de 21 de Março de 1931.
[128] Artigo 1.º e Parágrafo 1.º do Decreto 19 490, de 21 de Março de 1931.
[129] Artigo 1.º, Parágrafo 3.º e artigo 2.º do Decreto 19 490 de 21 de Março de 1931.

A Propriedade Comercial 79

O extracto de factura deve conter os seguintes elementos:

a) O número de ordem da factura;
b) A data de emissão;
c) O nome e o domicilio do comerciante vendedor;
d) O nome e o domicilio do comerciante comprador;
e) O saldo líquido da factura original;
f) O número do copiador e respectivos fólios;
g) A época do pagamento;
h) O lugar onde o pagamento deve ser efectuado;
i) A assinatura do vendedor.[130]

Pelo que ficou dito, se conclui que são notórias as semelhanças entre o extracto de factura e a letra.

Assim se compreende que todas as disposições em vigor relativamente às letras aplicam-se também aos extractos de factura, desde que não sejam contrárias ao estabelecido no Decreto 19 490.[131]

Nessa conformidade, o extracto de factura transmite-se por meio de endosso, por ser sempre um título à ordem, e do mesmo modo que a letra, é ele também susceptível de protesto.

É importante no entanto salientar que não obstante todas as semelhanças que existem entre os sois títulos, também existem algumas diferenças que convém reter. Assim, além das características próprias do extracto de factura, que já antes vimos, vale a pena ressaltar ainda que o extracto de factura não é reformável. Isto significa dizer que o extracto de factura não pode ser substituído por outro extracto de factura com vencimento diferente. O que a lei permite neste caso particular, é substituir o extracto, no caso de não ter sido pago no seu vencimento, por uma ou mais letras com os vencimentos e outras condições que se convencionarem.[132]

E, por outro lado, é igualmente importante ter em linha de conta que o extracto de factura, ao contrário da letra, só pode ser passado entre comerciantes, como de resto ficou mencionado na definição que atrás se apresentou deste título, e taxativamente dispõe o respectivo diploma legal.[133]

---

[130] Artigo 3.º do Decreto 19 490 de 21 de Março de 1931.
[131] Artigo 20.º do Decreto 19 490 de 21 de Março de 1931.
[132] Artigo 9.º do Decreto 19 490 de 21 de Março de 1931.
[133] Artigo 1.º do Decreto 19 490 de 21 de Março de 1931.

b) *Aceite e devolução do extracto de factura*

Tal como se referiu no exemplo antes consagrado, o comerciante comprador, o comerciante Bernardo ficará com a factura, e o comerciante vendedor, o comerciante António, ficará com o extracto, depois de conferido e aceite. Para esse efeito, o comerciante vendedor, o comerciante António, dentro dos oito dias seguintes àquele em que o extracto deva ter sido passado, enviá-lo-á ao comerciante comprador, o comerciante Bernardo, em carta registada ou por emissário (considerando-se como tal o portador do extracto, seus agentes, representantes e empregados); e neste último caso, o extracto deverá ser acompanhado de um verbete, que o comprador assinará, com a declaração do dia em que o receber.[134]

Após o comerciante comprador, o comerciante Bernardo ter conferido o extracto de factura, este comerciante deve escrever no extracto o seu «aceite» devolvendo-o posteriormente de modo a que esteja em poder do comerciante nos prazos seguintes:

a) Oito dias, quando o comerciante comprador e o comerciante vendedor estejam estabelecidos na mesma Província;

b) Vinte e cinco dias noutros casos.

Esses prazos contam-se a partir do dia em que o comerciante comprador tenha recebido o extracto de factura.[135]

A devolução do extracto de factura deverá ser efectuada por carta registada ou por emissário, e o portador ou o vendedor são obrigados a acusar a recepção do extracto aceite pelo comerciante comprador, dentro de cinco dias, se a devolução houver sido feita por carta, ou imediatamente, quando a devolução houver sido feita por emissário.[136]

Na hipótese de o comerciante comprador entender que tem motivos sérios e legítimos para não aceitar o extracto de factura, deverá então devolvê-lo em carta registada, nos prazos anteriormente indicados, devendo juntar uma exposição dos motivos invocados para a recusa do extracto de factura[137].

---

[134] Artigo 4.º e respectivos parágrafos do Decreto 19 490 de 21 de Março de 1931.
[135] Artigo 5.º Parágrafo 1.º do Decreto 19 490 de 21 de Março de 1931.
[136] Artigo 5.º Parágrafo 2.º e 3.º do Decreto 19 490 de 21 de Março de 1931.
[137] Artigo 6.º do Decreto 19 490 de 21 de Março de 1931

c) *Pagamento do extracto de factura*

Após ter sido devidamente aceite, o extracto de factura deve ser apresentado a pagamento no dia do vencimento, ou no primeiro dia útil seguinte, se aquele for feriado.

O comerciante comprador, no entanto, tem a faculdade de pagar a respectiva importância dentro dos prazos estabelecidos para a devolução.[138]

Neste caso, o comerciante comprador deverá devolver o referido extracto de factura ao portador, independentemente do aceite, que dará a competente quitação no próprio extracto de factura.[139]

d) *Protesto por falta de aceite ou devolução e por falta de pagamento*

O extracto de factura, à semelhança do que sucede com a letra, tal como se referiu antes, também pode ser protestado por uma das seguintes razões:

– Por falta de aceite ou devolução; e
– Por falta de pagamento.

Só os respectivos prazos variam. Para o protesto por falta de pagamento, o prazo é de cinco dias, e, para o protesto por falta de aceite ou devolução, o prazo é de vinte dias contados a partir do prazo que a lei estipula para a devolução.[140]

Convém ainda referir que para o protesto por falta de aceite ou de pagamento, o portador deverá apresentar ao notário o próprio extracto de factura; mas, quando se trate de protesto por falta de devolução, não é possível naturalmente apresentar o original do documento e, por essa razão, a lei determina que o portador apresentará uma segunda via, passada pelo vendedor, contendo a seguinte declaração: *"2.ª via emitida para efeito do protesto por falta de devolução da 1.ª via"[141]*.

O protesto do extracto de factura torna-se dispensável quando nele intervenham apenas o vendedor e o aceitante (comprador), ou o vendedor, o aceitante e o seu avalista.[142] Todavia, o protesto do extracto de factura já

---

[138] Artigo 5.º do Decreto 19 490 de 21 de Março de 1931.
[139] Artigo 8.º do Decreto 19 490 de 21 de Março de 1931.
[140] Artigo 10.º do Decreto 19 490 de 21 de Março de 1931.
[141] Artigo 11.º do Decreto 19 490 de 21 de Março de 1931.
[142] Artigo 10.º , 3.º do Decreto 19 490 de 21 de Março de 1931.

82   *Manual de Direito Comercial Angola*

se afigura indispensável para o portador poder demandar quaisquer outros intervenientes do extracto, como sejam, os endossantes, os seus avalistas, etc.

e) *Garantias que o extracto de factura oferece*

Na falta de pagamento por parte do aceitante do extracto de factura, o seu legítimo portador tem o direito de executar os bens dele (aceitante), intentando uma acção executiva que deverá começar pela penhora.[143]

O extracto de factura é, pois, um título executivo (que serve de base à execução em juízo) tal como o é uma sentença condenatória ou uma escritura pública.[144]

A acção com base no extracto de factura prescreve ao fim de cinco anos, sem prejuízo do recurso aos meios ordinários.

4. CHEQUE

a) *Noção – requisitos essenciais e formas de emissão*

O cheque é o título à ordem, sujeito a certas formalidades, pelo qual uma pessoa, que tem qualquer importância disponível num banqueiro, dispõe dela total ou parcialmente.[145]

O cheque é, assim, na sua essência, do mesmo modo que a letra, uma ordem de pagamento (dada pelo depositante ao seu banqueiro). No entanto, é importante sublinhar que se a letra pode consistir numa ordem de pagamento à ordem ou a prazo, e mais ordinariamente representa uma ordem de pagamento a prazo, em boa verdade, o cheque tem sempre a natureza de uma ordem de pagamento à vista.

O cheque deve conter os seguintes elementos:

1.º A palavra «cheque» escrita no próprio texto do título;

2.º O mandato puro e simples de pagar uma quantia determinada;

3.º O nome de quem deve pagar (o sacado);

4.º A indicação do lugar em que o pagamento se deve efectuar;

---

[143] Artigo 12.º do Decreto 19 490 de 21 de Março de 1931.

[144] Artigos 46.º e 51.º do C.P.C.

[145] Artigo 3.º da Lei Uniforme Relativa ao Cheque, Convenção aprovada pelo Decreto-Lei n.º 23 721, de 29 de Março de 1934.

A Propriedade Comercial 83

5.º A indicação da data e do lugar onde o cheque é passado.
6.º A assinatura de quem passa o cheque (o sacador).[146]

O título a que faltar qualquer dos requisitos atrás enumerados não produz efeitos como cheque, salvo as seguintes excepções:

a) Não se indicando o lugar do pagamento, considera-se como tal o lugar designado ao lado do nome do sacado e, na falta deste ou de qualquer outro, o cheque é pagável no lugar em que o sacado tem o seu estabelecimento principal;

b) Não se indicando o lugar da emissão (lugar onde o cheque é passado), considera-se como tal o lugar designado ao lado.[147]

O cheque pode revestir duas formas principais:

1. Cheque nominativo,
2. Cheque ao portador.

O cheque nominativo é o cheque que contém o nome da pessoa a quem, ou à ordem de quem, deve ser pago, e não pode pagar-se a qualquer outra pessoa que no título não esteja mencionada. O cheque nominativo pode ser passado à ordem do próprio sacador – ou emitente – ou de terceira pessoa – beneficiário.

O cheque ao portador é o cheque que não contém o nome da pessoa a quem deve ser pago; e pode ser pago a qualquer pessoa que se apresente a cobrá-lo.

É indispensável esclarecer que são considerados ao portador, os cheques que são passados sem indicação do beneficiário, ou que são passados a favor de uma determinada pessoa, mas contendo a menção «ou ao portador». E, nestes termos, para que um cheque se considere nominativo, é sempre indispensável que se risquem as palavras «ou ao portador», se, porventura o impresso-cheque contiver essas palavras[148].

Vale a pena acrescentar ainda que o cheque não pode ser passado sobre o próprio sacador, salvo no caso em que se trate de um cheque sacado por um estabelecimento sobre outro estabelecimento, sendo ambos os estabelecimentos pertencentes ao mesmo sacador, nomeada-

---

[146] Artigo 1.º da Lei Uniforme Relativa ao Cheque.
[147] Artigo 2.º da Lei Uniforme relativa ao cheque.
[148] Artigo 5.º da Lei Uniforme relativa ao cheque.

mente pela sede de um banco ou outra Sociedade sobre a sua filial, ou dependência, e vice-versa[149].

É importante também referir que qualquer cláusula de juros inserta no cheque considera-se como não escrita; e, na hipótese de divergência entre a importância do cheque escrita em algarismos e a importância escrita por extenso, prevalece a quantia que se encontra mencionada por extenso[150].

O sacador do cheque é sempre responsável pelo seu pagamento e, por isso, se considera como não escrita qualquer cláusula pela qual o sacador se pretenda eximir a esta garantia.[151]

Importa agora perguntar, na prática quotidiana, qual das duas espécies de cheques é mais comum? Perguntando de outro modo, qual das duas espécies de cheques se apresenta com maiores vantagens de ordem prática?

A resposta varia consoante as circunstâncias especiais em que o cheque é passado.

Atentemos aos seguintes exemplos. Américo, residente em Luanda, pretende pagar uma dívida que contraiu com Benjamim, residente no Soyo, e quer fazê-lo por meio de um cheque que envia para a sua morada nessa localidade. Como o cheque se pode facilmente extraviar, é mais avisado que Américo passe o cheque nominativo a fim de obstar que qualquer pessoa, que não o Benjamim, o possa receber e junto do banqueiro obter o pagamento da importância nele inscrita.

Consideremos agora a hipótese de Alberto efectuar em Luanda a compra de uma secretária para o seu escritório no estabelecimento de Carlos e querer pagar o preço da referida secretária por meio de um cheque sobre um banco domiciliado em Luanda.

Carlos que é comerciante, tem naturalmente necessidade de receber de imediato a importância do cheque e para isso tenciona apresentá-lo de seguida no referido banco. Neste caso é mais vantajoso que o cheque seja passado ao portador, isto porque as probabilidades de extravio do cheque serem realmente mínimas, e por outro lado as facilidades de cobrança para estes cheques serem muito maiores do que para os cheques nominativos. É que para estes últimos cheques serem cobrados, o beneficiário terá de passar recibo do próprio cheque.

---

[149] Artigo 6.º da Lei Uniforme relativa aos Cheques e Livranças.
[150] Artigo 7.º e 9.º da Lei Uniforme relativa aos Cheques e Livranças.
[151] Artigo 12.º da Lei Uniforme relativa aos Cheques e Livranças.

Além de tudo isto, o cheque ao portador tem ainda a vantagem de se poder utilizar quase como uma nota de banco, pois com ele se pode efectuar qualquer pagamento sem necessidade do seu endosso, naturalmente dentro dum prazo restrito, evidentemente.

Por essa razão é que, tal como estudamos em momento próprio[152], o cheque é um acto de comércio formal ou abstracto, prosseguindo fins indeterminados, e por isso afigurando-se como um meio susceptível de realizar distintas causas-funções, por contraposição ao acto de comércio causal, que é aquele que as partes celebram para atingirem uma determinada função social, que é a causa-função do acto de comércio.

Esta matéria diz naturalmente respeito à classificação dos actos de comércio e consta do I Volume do Manual do Direito Comercial Angolano.[153]

b) *Endosso*

O cheque, quando for nominativo, tem a natureza de título à ordem e, portanto, é transmissível por meio de endosso. O cheque só perde esse carácter de transmissibilidade, por declaração expressa em contrário, inscrevendo-se no cheque a cláusula «não à ordem» ou outra equivalente, e, nestas condições, só é transmissível pela forma e com os efeitos de uma cessão ordinária.[154]

Como o cheque é um título pagável à vista, não tem de ser aceite. Neste sentido, o artigo 4.º da Lei Uniforme dispõe o seguinte:

"O cheque não pode ser aceite. A menção de aceite inscrita no cheque considera-se como não escrita".

A lei permite o endosso ao portador, que vale como endosso em branco, mas proíbe taxativamente certas formas de endosso:

a) O endosso parcial;

b) O endosso feito pelo sacado.[155]

---

[152] Joaquim Dias Marques de Oliveira "Manual do Direito Comercial Angolano Volume I" Edição CEFOLEX Lisboa Setembro de 2009. Pág. 42-43.

[153] Idem.

[154] Artigo 14.º da Lei Uniforme relativa aos cheques e livranças.

[155] Artigo 15.º da Lei Uniforme.

Vejamos o seguinte exemplo: Américo "perdedor invertebrado" é beneficiário e portador de um cheque de Kz 1000000,00 (Um milhão de Kwanzas) sobre o Banco "Saca hoje e paga amanhã", e pretende com esse cheque pagar uma dívida de jogo a Bernardo "ganha tudo" no valor de Kz. 500 000,00 (Quinhentos mil Kwanzas). Américo pretende com esse cheque pagar a Bernardo, e para tal endossa-o só por metade do valor, que é o valor correspondente à divida.

A lei considera nulo esse endosso parcial. E compreende-se bem que assim seja, por uma razão de ordem prática, além de outras razões de natureza ordinária. Pergunta-se, quem seria, neste caso de endosso parcial, o legitimo portador do cheque? Ou o que é o mesmo, quem teria o direito de o receber no banco respectivo? O endossante ou o endossado?

A esta dificuldade acresce outra de não somenos importância que é a de se reconhecer que nos títulos de crédito, a posse do documento é condição indispensável para se exercer o direito nele vertido.

Agora, admitamos que Ambrósio beneficiário portador do mesmo cheque de Kz.1000000 (Um milhão de kwanzas) o foi cobrar ao banco em questão. Poderá esse banco – o banco sacado – endossá-lo depois de o ter pago?

A lei estabelece a nulidade deste endosso feito pelo sacado, e a razão deste semelhante procedimento também é evidente, se considerarmos que a função específica do cheque é de facto levantar uma quantia que qualquer depositante tenha num determinado estabelecimento bancário.

Deste modo, logo que se cumpra esse facto – o levantamento –, o cheque perdeu a sua razão de ser. Em todo o caso existe um princípio e um fim. O cheque nasce com a sua missão – uma ordem de pagamento –, e morre tão logo esta ordem seja cumprida.

Tal como vimos nas letras, o endosso, deve ser escrito no cheque ou numa folha a este ligada (anexo), deve ser assinado pelo endossante e pode revestir duas modalidades:

a) endosso completo;

b) endosso em branco (ou endosso incompleto).[156]

Por ser em todo semelhante o regime e a matéria destes endossos do cheque aos endossos das letras, para lá se remete *mutatis mutandis*, o seu estudo antes feito.

---

[156] Artigo 16.º da Lei Uniforme.

A Propriedade Comercial

Salvo estipulação em contrário, o endossante é responsável pelo pagamento do cheque, mas pode proibir um novo endosso e, neste caso, não garante o pagamento às pessoas a quem o cheque for posteriormente endossado.[157]

c) *Aval*

Tal como sucede com as letras, e tivemos ocasião de estudar, o pagamento de um cheque pode ser garantido, no todo ou em parte do seu valor, por um aval. Esta garantia – o aval – pode ser dada por terceiro, até mesmo por qualquer signatário do cheque, exceptuando o sacado.[158]

O aval também pode revestir duas modalidades:

a) aval completo – constituído pela assinatura do avalista ou dador do aval, precedida das palavras "Dou o meu aval a favor de F.....", "Bom para aval", ou outra expressão equivalente. Pode ser escrita em qualquer parte do cheque ou do anexo, se o houver.

b) aval incompleto – constituído pela simples assinatura do dador do aval escrita na face principal do cheque. Com excepção da assinatura do sacador, qualquer outra que se encontre nesta face do cheque considera-se como sendo do avalista.[159]

O avalista deve ter sempre o cuidado de indicar a pessoa por quem se responsabiliza, mas, na falta dessa indicação, o aval considera-se prestado ao sacador.[160]

O avalista é responsável da mesma forma que o seu avaliado, e, desde que pague o cheque, pode exigir o respectivo pagamento, tanto da pessoa por quem se obrigou, como dos outros signatários para com ele obrigados.[161]

---

[157] Artigo 18.º da Lei Uniforme.
[158] Artigo 25.º da Lei Uniforme.
[159] Artigo 26.º da Lei Uniforme
[160] Artigo 26.º da Lei Uniforme.
[161] Artigo 27.º da Lei Uniforme.

d) *Pagamento: prazos de apresentação*

Como já antes foi dito, o cheque é sempre pagável à vista,[162] e por isso, a lei fixa o prazo dentro do qual o cheque deve ser apresentado a pagamento.

O prazo de apresentação do cheque para o seu pagamento varia consoante os casos:

a) 8 dias – para os cheques pagáveis no mesmo País em que foram passados;

b) 20 dias – para os cheques pagáveis em País diferente daquele em que foram passados, desde que ambos os Países se encontrem na mesma parte do mundo (Europa; África; Ásia; América; Oceânia)

c) 70 dias – para os cheques pagáveis em País diferente daquele em que foram passados, desde que ambos os Países se encontrem situados em diferentes partes do Mundo.[163]

Os prazos antes mencionados começam a contar a partir do dia indicado no cheque como data da emissão.[164]

O sacado pode exigir, ao pagar o cheque, que este lhe seja entregue munido de recibo passado pelo portador. Em regra, o recibo é passado no verso do cheque e constituído simplesmente pela assinatura do portador, precedida das palavras «recebi», ou «recebemos».

À semelhança do que sucede com as letras, o portador do cheque também não pode recusar o seu pagamento parcial, e nesta hipótese de pagamento parcial, o sacado tem o direito de exigir que esse pagamento seja mencionado no título e que lhe seja entregue o respectivo recibo.[165]

e) *Cheques cruzados*

Cheques cruzados, são os cheques atravessados na face principal, por duas linhas paralelas e que não pode [166]ser pago senão a um banqueiro ou a um cliente do sacado.

---

[162] Artigo 28.º da Lei Uniforme.
[163] Artigo 29.º da Lei Uniforme.
[164] Artigo 29.º da Lei Uniforme.
[165] Artigo 34.º da Lei Uniforme.
[166] Artigo 37.º da Lei Uniforme.

A *Propriedade Comercial*   89

O cruzamento do cheque pode ser efectuado pelo sacador ou pelo portador e reveste duas modalidades:

a) cruzamento geral;

b) cruzamento especial.

No cruzamento geral atravessa-se simplesmente o cheque, ao alto, por dois traços paralelos, podendo escrever-se ou não, entre eles a palavra «banqueiro» (banco) ou outra equivalente. Este cheque só pode ser pago pelo sacado a qualquer banqueiro ou a um cliente do sacado.

No cruzamento especial, procede-se do mesmo modo, mas entre os dois traços escreve-se (em regra também ao alto) o nome do banqueiro (BPC; BFA; BESA; Banco Keve; Banco de Comércio e Industria; Banco de Negócios e Investimentos; Banco Comercial de Angola, etc.) que o deve receber. Este cheque só pode ser pago pelo sacado, ao banqueiro cujo nome está escrito entre os dois traços ou, na hipótese de este nome ser o do sacado, a um dos seus clientes.[167]

O cheque com cruzamento geral pode, em qualquer altura passar a cruzamento especial, basta, para isso, escrever entre os dois traços o nome do banqueiro. Já o mesmo não sucede com o cheque com cruzamento especial, porque este nunca pode ser convertido em cheque com cruzamento geral.

A inutilização do cruzamento, ou do nome do banqueiro indicado entre os dois traços, considera-se como não escrita.[168]

Após termos procedido ao estudo destas características dos cheques cruzados, ou «chèque barré» dos franceses, e «crossed cheque» dos ingleses, impõe-se uma pergunta: Qual será a vantagem desta modalidade de cheque?

É facilmente compreensível através de um exemplo prático do dia-a-dia, mas antes disso importa esclarecer que o cruzamento obedece à necessidade de evitar as falsificações frequentes de que o cheque é cada vez mais alvo nos dias de hoje. É pois por essa razão, para obstar a falsificação que o cheque cruzado se tornou desde os anos oitenta, sobretudo na Inglaterra, depois em França e posteriormente em Portugal muito generalizado na prática quotidiana.

Alberto, comerciante em Luanda com depósito no BPC pretende enviar um cheque a Benavides comerciante em Cabinda para pagamento

---

[167] Artigo 37.º e 38.º da Lei Uniforme,

[168] Artigo 37.º da Lei Uniforme,

90 Manual de Direito Comercial Angola

de uma dívida comercial. O cheque é de uma importância muito elevada, e, mesmo que seja nominativo, Benavides que conhece bem a fama e o proveito da habilidade dos imigrantes dos Países vizinhos que abundam em Cabinda, tem justificados e fundados receios de que o cheque em causa possa ser alvo de um levantamento indevido por meio de uma assinatura falsificada, ou até mesmo por meio da alteração do valor do cheque nele inscrito. Para acautelar esses perigos reais, Benavides que tem conta no BFA pede a Alberto que lhe cruze o cheque sobre este mesmo banco, e como tal não resulta daí qualquer inconveniente nem para ele, nem para Benavides, Alberto acede ao pedido de Benavides e saca o cheque sobre o seu banqueiro o BFA a favor de Benavides, e atravessa-o com dois traços ao alto, no meio dos quais escreve as seguintes palavras: «Banco de Fomento Exterior».

Este cheque passado nestas condições conforme o que antes ficou dito, só pode ser pago pelo BPC ao BFA e este entregará ao seu cliente, Benavides, a quantia nele inscrita ou, em alternativa depositará a referida quantia a crédito na sua conta.

Deste modo qualquer pessoa que legitima ou ilegitimamente se encontrasse em posse desse mesmo cheque nunca teria a mínima hipótese de levantar a respectiva importância, isso porque como vimos antes, o BPC nunca poderia pagar a referida importância a outra pessoa ou entidade senão ao BFA.

f) *Cheques a levar em conta*

Os cheques de um modo em geral são pagos em numerário, isto é, em dinheiro. A lei permite, no entanto, que o sacador ou o portador proíbam o seu pagamento em numerário e, neste caso, o interessado não tem o direito de receber a importância do cheque; esta só lhe poderá ser lançada em conta, ou seja, creditada. Assim sucede sempre que o sacador ou o portador inscrevam na frente do cheque, transversalmente, a cláusula «para levar em conta» ou outra equivalente[169].

Atentemos ao seguinte exemplo para uma melhor elucidação.

Aniceto, depositante do Banco BESA, saca sobre este banco a importância de KZ 500000,00 (quinhentos mil kwanzas) pagáveis a Bicabornato que é igualmente depositante desse mesmo banco. Este saque foi efectuado por meio de cheque com a cláusula «para levar em conta», e

---

[169] Artigo 39.º da Lei Uniforme.

por essa razão, quando Bicabornato, seu portador o apresenta naquele banco, não poderá receber a importância respectiva, e o banco creditará na sua conta essa importância. Admitindo que à data Bicabornato tivesse na sua conta KZ 250000,00 (Duzentos e cinquenta mil kwanzas) com esse crédito em conta passará a ter um saldo de 750000,00 (setecentos e cinquenta mil kwanzas).

g) *Acção por falta de cobertura*

O portador pode exercer os seus direitos de acção (isto é, pode recorrer aos tribunais) contra os endossantes, sacador e outros co-obrigados, se o cheque apresentado em tempo útil não for pago e se a recusa do seu pagamento se verificar:

1.º Quer por um acto formal (protesto)

2.º Quer por uma declaração do sacado, datada e escrita sobre o cheque, com a indicação do dia em que este foi apresentado;

3.º Quer por uma declaração datada duma câmara de compensação, constatando que o cheque foi apresentado em tempo útil e não foi pago.[170]

O modo mais prático e frequente de fazer a verificação da falta de pagamento – cheque sem cobertura – é o indicado no n.º 2 do artigo 40.º da Lei Uniforme, ou seja, uma declaração do sacado datada e escrita sobre o cheque.

O protesto ou a declaração equivalente devem ser feitos dentro do prazo de apresentação a pagamento (8,20, ou 70 dias, conforme os casos), mas, se o cheque for apresentado no último dia do prazo aquelas formalidades podem ainda ser realizadas no primeiro dia útil seguinte.[171]

Convém acrescentar também que, o não pagamento de um cheque, por falta de provisão ou falta de cobertura, apresentado dentro dos prazos legais, é considerado crime e, como tal, o emitente desse cheque sem cobertura ou sem provisão (sacador) está sujeito a responsabilidade criminal conexa com a responsabilidade civil.

Nem sempre, porém, o protesto ou a declaração equivalente se afiguram imprescindíveis para garantir os direitos do portador do cheque, por isso é que, à semelhança do que sucede nas letras:

---

[170] Artigo 40.º da Lei Uniforme.

[171] Artigo 41.º da Lei Uniforme.

"o sacador, um endossante ou avalista podem, pela cláusula sem «despesas», «sem protesto» ou outra equivalente, dispensar o portador de estabelecer um protesto ou outra declaração equivalente para exercer os sues direitos de acção".[172]

Nas condições que acabamos de analisar, o portador dum cheque que não haja sido pago, tem o direito de recorrer aos tribunais contra qualquer das pessoas obrigadas, que são solidariamente responsáveis para com ele. E pode proceder contra essas pessoas, individual ou colectivamente, sem necessidade de observar a ordem segundo a qual se obrigaram. O mesmo direito possui qualquer signatário que tenha pago o cheque.[173]

Toda a acção do portador contra os endossantes, contra o sacador ou contra os demais co-obrigados, prescreve decorridos que sejam seis meses, contados do termo do prazo da apresentação. E, se qualquer dos co-obrigados pagou o cheque, o seu direito de acção contra os outros prescreve no prazo de seis meses, contados do dia em que ele tenha pago o cheque ou do dia em que ele próprio foi accionado.[174]

Como é de conhecimento basilar do direito processual, dizer-se que a acção do cheque prescreve em certo prazo significa que, decorrido esse prazo, deixa de existir o direito de propor essa acção, sem prejuízo de recurso aos meios ordinários de processo nos tribunais. E vale a pena também salientar que o cheque, tal como a letra, é igualmente um título executivo, nos mesmíssimos termos já antes expostos quando se procedeu ao estudo da letra.

5. ACÇÕES

a) *Noção e espécies de acções*

Quando antes estudamos, no II Volume as diferentes espécies de sociedades comerciais, vimos que o capital das sociedades anónimas,[175]

---

[172] Artigo 43.º da Lei Uniforme.

[173] Artigo 44.º da Lei Uniforme.

[174] Artigo 52.º da Lei Uniforme.

[175] Joaquim Dias Marques de Oliveira "Manual de Direito Comercial Angolano II Volume"Edições CEFOLEX Lisboa Março de 2011 pág. 51-52.

bem como o capital das sociedades em comandita por acções está sempre representado e dividido em títulos denominados por acções[176].

Esta particularidade é de tal forma significativa que define um tipo característico de sociedade comercial que frequentemente se denominam sociedades por acções, aquelas em que o capital tem essa configuração peculiar. Assim revista esta matéria das sociedades comerciais constante do Volume II, podemos dela retirar a noção de Acções concluindo do seguinte modo: Acção é, pois, a parte do capital, de certas espécies de sociedades comerciais, consubstanciada num documento representativo dessa participação no património social[177].

Ao próprio documento representativo do capital se chama também acção, documento esse que pertence à categoria dos títulos de crédito, tal como o são as notas de banco, as letras, as livranças, os cheques, os extractos de factura, as obrigações e tantos outros.

As acções são sempre de igual valor e geralmente de valor nominal baixo, mas nunca inferior a uma quantia, expressa em moeda nacional (kwanzas), equivalente a USD 5,00 devendo ser indexado a esse valor.[178]

O documento – acção – deve ser assinado por um ou por mais administradores e deve possuir os seguintes elementos:

a) a firma, o número de identificação da pessoa colectiva e a sede da sociedade;

b) a data e o cartório notarial onde foi celebrada a escritura pública de constituição, a data do registo e a da publicação;

c) o montante do capital social;

d) o valor nominal de cada acção e o montante liberado;

e) o número de acções incorporadas no título e o valor no seu conjunto.[179]

A alínea d) fala expressamente em valor nominal – que é o que se encontra inscrito no próprio título, e é sempre uma parte alíquota do capital nominal da sociedade –, mas há outras modalidades de *"valor"* que devem ser considerados nas acções. Assim, temos: o valor de emissão – aquele valor pelo qual as acções são emitidas –; o valor comercial –

---

[176] Idem pág. 52-53.

[177] J. Pires Cardoso "Noções de Direito Comercial" Editora Rei dos Livros 14.ª Edição pág. 401.

[178] N.º 2 do Artigo 305.º da Lei das Sociedades Comerciais para as Sociedades anónimas e artigo 214.º para as Sociedades em comandita por acções.

[179] Artigo 331.º da Lei das Sociedades Comerciais.

aquele valor pelo qual as acções são negociadas no mercado, (a sua cotação no mercado, tratando-se de títulos cotados na bolsa) –; o valor contabilístico – o valor que se obtém dividindo o capital próprio da sociedade representado no balanço, pelo número de acções; o valor real ou intrínseco – o que corresponde efectivamente à divisão do património líquido da sociedade pelo número de acções –; o valor financeiro – o que se calcula em função do dividendo, capitalizando este a uma certa taxa de juro.

As acções não podem ser emitidas por valor inferior ao seu valor nominal, mas, no valor da emissão, pode ser descontada a despesa resultante da sua colocação firme por uma instituição de crédito ou por outra como tal considerada para esse efeito[180]

1. Subscrição ou aquisição de acções próprias

Uma sociedade não pode subscrever acções próprias, nem encarregar outrem de as subscrever ou adquirir por conta da sociedade, isto como regra geral.[181]

Por outro lado, o contrato de sociedade pode até proibir totalmente a aquisição de acções próprias ou, então, reduzir ou condicionar os casos em que a aquisição de acções é permitida nos termos da lei.[182]

As acções podem classificar-se, segundo múltiplos aspectos; e desses múltiplos aspectos resultam várias espécies de acções. A seguir vamos apenas estudar as espécies de acções mais frequentes ou generalizadas. Deste modo:

a) – Quanto à forma de transmissão, as acções podem ser nominativas ou ao portador, sendo esta uma das classificações mais importantes que veremos um pouco mais adiante.

b) – Quanto à realização do capital, representado pelas acções, as acções podem ser liberadas e não liberadas.

Tal como vimos antes no Volume II, quando em pormenor estudamos a matéria relativa à constituição das sociedades comerciais e em concreto aos elementos gerais e específicos do contrato de sociedade, constatamos que o capital das sociedades anónimas tem de estar integralmente

---

[180] Artigo 330.º n.º 1 da Lei das Sociedades Comerciais.

[181] N.º 1 do artigo 338.º da Lei das Sociedades Comerciais *uma sociedade n o pode, quer directamente, quer por interposta pessoa subscrever ac es pr prias, nem pode adquiri-las fora dos casos e das condi es previstas na lei .*

[182] N.º 1 do artigo 339.º da Lei das Sociedades Comerciais.

subscrito e realizado até ao valor do mínimo exigido para este tipo de sociedade[183] que é de Kwanzas equivalente a USD 20 000,00, aquando da constituição delas, mas as entradas em dinheiro não podem ser inferiores a 30% do valor nominal das acções subscritas nem diferir o pagamento do prémio de emissão quando previsto[184] e enquanto as acções não estiverem completamente pagas, os accionistas subscritores são responsáveis pelas importâncias em dívida[185].

Estas acções, cujo valor nominal não está integralmente pago, denominam-se acções não liberadas e, por imposição da lei, são sempre nominativas, ao contrário das acções liberadas, que podem ser nominativas ou ao portador, salvo se os estatutos da sociedade proibirem expressamente a existência de acções ao portador, o que se verifica, na prática, com alguma frequência.[186]

c) – Quanto aos direitos que conferem aos accionistas, as acções podem classificar-se da maneira seguinte:
– acções de capital;
– acções de fruição ou indemnizáveis;
– acções preferenciais sem voto e acções remíveis.

As acções de capital – *acções propriamente ditas* – correspondem a fracções do capital da sociedade e conferem aos accionistas todos os direitos dos sócios em geral (perceber os dividendos, intervir na gestão através do voto em assembleia-geral, quinhoar no património sobrante em caso de dissolução, etc).

Em boa verdade, só estas acções, as acções de capital, são verdadeiramente «acções», no sentido em que temos vindo a empregar a expressão, com todos os atributos diversas vezes assinalados. Mas importa distinguir, entre elas, duas espécies fundamentais – acções ordinárias e acções privilegiadas – na hipótese de se fazer uma nova emissão (ou mais do que uma) em que se concedem vantagens especiais aos novos subscritores accionistas.

É o caso, por exemplo, de uma sociedade anónima, que não se encontra em condições desafogada, e tem necessidade de aumentar o

---

[183] Joaquim Dias Marques de Oliveira "Manual de Direito Comercial Angolano II Volume" Edições CEFOLEX Lisboa Março de 2011 pág. 80-81.

[184] N.º 1 do artigo 306.º da Lei das Sociedades Comerciais.

[185] Artigo 316.º da Lei das Sociedades Comerciais.

[186] Artigo 311.º da Lei das Sociedades Comerciais.

capital social. Normalmente, uma sociedade nestas circunstâncias só conseguirá atrair subscritores a uma nova emissão de acções quando lhes confira um certo número de preferências sobre os possuidores das acções ordinárias.

As acções privilegiadas (acções de preferência ou de prioridade) podem conferir, isolada ou simultaneamente, as seguintes vantagens:

– maiores lucros (dividendo) até determinada percentagem;
– maior representação de votos em assembleia-geral; e
– maior percentagem no rateio em caso de dissolução da sociedade.

Ainda a respeito das acções de capital, vale a pena salientar que, em algumas ocasiões, os subscritores são autorizados a entrar com outros valores sem ser dinheiro (numerário)[187] É daí que surge a distinção entre acções de numerário e acções de «apport».

A segunda espécie de acções quanto aos direitos que conferem são as acções de fruição[188]. As acções de fruição, em França denominadas "de jouissance", expressão usada também em Portugal, são as acções que se destinam a substituir acções de capital já total ou parcialmente reembolsadas.

A origem deste reembolso do valor das "acções de capital" aos respectivos accionistas, e consequente emissão de acções de fruição, pode resultar de factos diversos, entre os quais se contam, os avultados lucros verificados numa sociedade que permitem a restituição do valor nominal de certo número de acções, ou o caso das empresas concessionárias, cujas instalações passam para o Estado ao fim de certo tempo, e que vão reembolsando os seus accionistas sucessivamente – por exemplo, mil acções em cada ano – até que, no fim da concessão, tenham restituído todo o capital social.

Em qualquer destas hipóteses, as acções a reembolsar periodicamente são designadas por sorteio, e o seu reembolso é total. Mas também se pode seguir outro critério; que é o da restituição periódica de uma parte de todas as acções – reembolso parcial [189]–, neste caso só haverá lugar à emissão de acções de fruição, em substituição das acções de capital, quando cada uma destas esteja totalmente reembolsada.

---

[187] Artigo 305.º e Artigo 306.º a contrário sensu da Lei das Sociedades Comerciais.
[188] Artigo 369.º da LSC.
[189] Artigo 371.º da LSC.

A Propriedade Comercial   97

Como é lógico, as acções de fruição, geralmente dão lugar a um dividendo inferior ao dividendo que dão direito as acções de capital (acções não sorteadas) e os seus possuidores, em caso de dissolução, só podem partilhar do património social depois de pagos os proprietários das acções de capital.

A concluir este estudo, vamos agora analisar o terceiro e último grupo da classificação dessas acções. *As acções preferenciais sem voto, bem como as acções remíveis.*

As acções preferenciais sem voto, assim como as acções remíveis constituem uma inovação, entre nós, e foram introduzidas pela Lei das Sociedades Comerciais.

As acções preferenciais sem voto estão previstas no artigo 364.º e conferem direito a um dividendo prioritário, mínimo de 5% do respectivo valor nominal e a reembolso[190], igualmente prioritário no caso de dissolução da sociedade, mas não dão direito a voto nem contam para a representatividade do capital exigida para a deliberação dos accionistas[191].

Em tudo o resto, as acções preferenciais sem voto, identificam-se com os direitos conferidos pelas acções ordinárias.

As acções preferenciais remíveis[192] estão consagradas no artigo 367.º da Lei das Sociedades Comerciais. *As acções remíveis* são acções beneficiárias de privilégio patrimonial que, em data certa e fixada na respectiva emissão ou em data deliberada pela assembleia-geral[193], podem ser extintas, depois de inteiramente liberadas.

A remissão inclui, em regra, um prémio – prémio de remissão – e não pode resultar na redução do capital da sociedade, devendo a contrapartida ser retirada de fundos susceptíveis de ser distribuídos aos accionistas[194].

A deliberação que aprove a remição de acções está sujeita a registo e a publicação[195].

---

[190] Alínea a) do n.º 2 do artigo 364.º da LSC.

[191] N.º 3 do artigo 364.º da LSC.

[192] Remir é um conceito do direito civil que significa extinguir uma obrigação.

[193] N.º 1 do artigo 367.º da LSC.

[194] N.º 5, 6 e 7 do artigo 367.º da LSC.

[195] N.º 8 do artigo 367.º da LSC.

b) *Acções nominativas e acções ao portador*

Esta é sem qualquer dúvida, a maior classificação de acções de interesse prático, e que tem como base o modo de transmissão das acções.

As acções nominativas são aquelas acções em que está consignado o nome dos seus proprietários.[196] Para a transmissão das acções nominativas, torna-se necessária uma declaração do proprietário, escrita no próprio título, a qual só produzirá efeitos, para com a sociedade e, para com terceiros, desde a data do averbamento respectivo nos livros de registo da sociedade anónima.[197]

As acções ao portador são as acções em que não está consignado o nome dos seus proprietários e se presume pertencerem às pessoas que tiverem essas mesmas acções em seu poder. Assim sendo, para a sua transmissão, é bastante e suficiente a simples tradição ou entrega das mesmas.[198]

É importante e por isso conveniente fazer notar aqui que as acções devem ser sempre nominativas enquanto o seu valor não estiver pago integralmente ou, o que é o mesmo, enquanto as acções não estiverem liberadas[199]. Só depois disso é que os interessados deverão exigir que se lhes passem acções ao portador, em substituição das acções nominativas, quando nos estatutos não houver estipulação em contrário[200].

As acções, como vimos antes, têm a natureza de títulos negociáveis ou transmissíveis. Se forem acções ao portador, são acções integralmente pagas e a lei não coloca qualquer restrição à sua transmissibilidade.

6. OBRIGAÇÕES

As sociedades por acções (anónimas ou em comandita) e ainda as sociedades por quotas, podem, como já estudamos, emitir obrigações quando necessitem obter fundos, para a prossecução dos seus fins, através do recurso ao empréstimo. As sociedades anónimas só podem emitir obrigações quando o respectivo pacto social ou estatutos, já se encontra regis-

---

[196] Artigo 348.º n.º 1 alínea b) e n.º 2.
[197] N.º 5 do artigo e alínea c) do n.º 1 do artigo 348.º da LSC.
[198] N.º 1 do artigo 349.º da LSC.
[199] Alínea a) do n.º 2 do artigo 331.º da LSC.
[200] N.º 1 do artigo 332.º da LSC.

tado definitivamente há mais de dois anos e já tiverem sido aprovados os balanços dos dois últimos exercícios[201].

A obrigação é, pois, o título de crédito que corresponde a uma fracção de um empréstimo geralmente a longo prazo. Assim, um empréstimo de KZ 5 000000,00 (cinco milhões de kwanzas), dividido em 10 000 obrigações de KZ 50,00 cada uma é pagável em 10 anos.

O valor nominal de cada obrigação é geralmente baixo (KZ50,00) para permitir a sua mais fácil subscrição e transmissão, mas, tal como para as acções, também se podem reunir num único documento várias obrigações (títulos de 10, de 20, etc.)

De um modo geral, à emissão e transmissão de obrigações aplica-se o mesmo regime jurídico das acções, mas importa ter em linha de conta as particularidades seguintes que a lei consigna:

- As obrigações não podem ser emitidas antes de o capital estar inteiramente realizado[202].
- O montante da emissão não pode exceder a importância do capital já realizado depois do encerramento daquele balanço[203].
- Proibição de se fazer uma nova emissão antes de subscrita e realizada uma emissão anterior.[204]
- A emissão de obrigações está sujeita a registo comercial[205].

Os empréstimos por obrigações são como regra, a longo prazo; o seu reembolso pode ser total (de uma só vez em data certa, por exemplo, ao fim de 10 anos) ou parcial.

No caso do reembolso parcial, que é o mais frequente, o reembolso aos portadores de obrigações – obrigacionistas – faz-se gradualmente, em períodos previamente fixados, quer através de sorteio, quer por meio de compras no mercado, por parte da sociedade emitente dessas obrigações.

A remuneração das obrigações e o juro fixado na altura da emissão e a respectiva taxa depende naturalmente das condições do mercado.

Assim sendo, pode por isso acontecer que, numa certa emissão, a taxa de juro seja fixada em 6% e, noutra posterior, ela seja elevada a 8%,

---

[201] Alínea a) do n.º 2 do artigo 374.º da LSC.
[202] Alínea b) do n.º 2 do artigo 374.º da LSC.
[203] N.º 1 do artigo 375.º da LSC.
[204] N.º 3 do artigo 376.º da LSC.
[205] N.º 1 do artigo 377.º da LSC.

100 Manual de Direito Comercial Angola

de onde resultará a existência, quanto a mesma sociedade emitente, de dois tipos de obrigações de 6% e de 8%.

Em algumas ocasiões, para incentivar o afluxo dos subscritores, os empréstimos representados em obrigações são garantidos por meio de hipoteca, consignação de rendimentos, etc. Daí a existência de obrigações ordinárias (desprovidas de qualquer garantia especial), obrigações hipotecárias, ou outras. Referimo-nos aqui apenas às obrigações de tipo comercial. O Estado, contudo, também contrai empréstimos por obrigações, e estes empréstimos são títulos de crédito, sem qualquer dúvida, mas são títulos de crédito sujeitos a um regime jurídico especial, o regime dos – Títulos da Dívida Pública –.

Com o objectivo de proteger os interesses dos credores obrigacionistas, a lei admite a assembleia de obrigacionistas[206].

A assembleia de obrigacionistas reúne os credores de uma mesma emissão de obrigações competindo-lhe:

– Nomear um representante comum dos obrigacionistas[207];
– Deliberar sobre as matérias que respeitam à segurança dos seus créditos, designadamente sobre modificação das condições dos empréstimos obrigacionistas, sobre reclamação de créditos obrigacionistas em acções de execução e constituição de um fundo para ocorrer às despesas necessárias a protecção dos interesses comuns[208].

Ao representante dos obrigacionistas cabe a representação junto da administração da sociedade e em juízo[209]; assistir às assembleias gerais dos accionistas[210]; receber e examinar os documentos da sociedade e por esta colocados ao exame e análise dos accionistas[211]; assistir aos sorteios para reembolso de obrigações e convocar a assembleia de obrigacionistas, assumindo a respectiva presidência[212].

As obrigações podem conferir direitos diferenciados. Assim, podem emitir-se obrigações que dêem direito a:

---

[206] Artigo 381.º da LSC.
[207] Artigo 381.º n.º 6 alínea a).
[208] Alíneas b) e e) do n.º 6 do artigo 381.º da LSC.
[209] Alínea a) do n.º 1 do artigo 385.º da LSC.
[210] Alínea c) do n.º 1 do artigo 385.º da LSC.
[211] Alínea d) do n.º 1 do artigo 385.º da LSC.
[212] Alínea e) e alínea f) do n.º 1 do artigo 385.º da LSC.

A Propriedade Comercial 101

– Um juro suplementar ou um prémio de reembolso, fixo ou dependente dos resultados obtidos pela sociedade, além do juro normal do empréstimo[213].
– Um plano de reembolso e a juro, ambos variáveis e dependentes dos lucros obtidos pela sociedade[214];
– Conversão em acções[215].

No caso das obrigações com juro suplementar ou prémio de reembolso, estes podem ser estabelecidos de diversas formas, com base, em cada ano, nos resultados apurados no exercício anterior[216].

No caso da sociedade apresentar prejuízos, os obrigacionistas terão apenas direito ao juro fixo do empréstimo[217].

A deliberação de emitir obrigações convertíveis em acções está sujeita a observância dos requisitos estabelecidos por lei especial.[218]

A título de exemplo e do direito comparado, vale a pena dizer que no direito societário português, a deliberação de emitir obrigações em acções implica também a aprovação do aumento de capital da sociedade no valor e nas condições necessárias para satisfazer os pedidos de conversão[219].

a) *Obrigações nominativas e obrigações ao portador*

As obrigações, mais do que as acções, são autênticos títulos de crédito, visto tratar-se de documentos representativos de um crédito que uma pessoa – o obrigacionista – tem sobre outra – a sociedade emitente –.

Como tal, as obrigações são, por natureza, documentos essencialmente transmissíveis.

E, quanto à forma de transmissão, classificam-se em obrigações nominativas e obrigações ao portador[220].

---

[213] Alínea *b*) do n.º 1 do artigo 387.º da LSC.
[214] Alínea *c*) do n.º 1 do artigo 387.º da LSC.
[215] Alínea *d*) do n.º 1 do artigo 387.º da LSC.
[216] N.º 4 do artigo 389.º da LSC.
[217] N.º 2 do artigo 388.º da LSC.
[218] N.º 3 do artigo 387.º da LSC.
[219] Artigo 386.º n.º 3 do Código das Sociedades Comerciais português.
[220] Artigo 392.º da LSC.

Nas obrigações nominativas – aquelas em que está inscrito o nome do credor, obrigacionista – a transmissão opera-se por meio de declaração ("pertence") e averbamento em registo próprio da sociedade emitente[221].

Nas obrigações ao portador – aquelas em que não está inscrito o nome dos seus titulares – a transferência opera-se por meio de simples tradição ou entrega[222].

1. Títulos de obrigações

Os títulos de obrigações emitidos por uma sociedade devem mencionar[223]:

– O nome da firma, o tipo, a sede, a Conservatória do Registo Comercial onde se encontra matriculada, o seu número de matrícula, o capital social e o montante do capital realizado, se for diverso;

– A data da deliberação da emissão;

– O montante total das obrigações dessa emissão, o número de obrigações emitidas, o valor nominal de cada uma, a taxa e o modo do pagamento dos juros, os prazos e as condições do reembolso, bem como quaisquer outras características particulares da emissão;

– O número de ordem da obrigação;

– As garantias especiais da obrigação, se as houver;

– A modalidade, nominativa ou ao portador, da obrigação;

– A série, se disso for o caso.

O valor nominal da obrigação deve ser expresso em moeda nacional, salvo se, nos termos da legislação aplicável ou de autorização obtida, for permitido o pagamento em moeda estrangeira[224].

b) *Obrigações de caixa*

As obrigações de caixa são títulos de dívida de curto prazo destinado a canalizar a poupança para o financiamento do investimento a médio e a longo prazo. Este produto financeiro surgiu em Portugal em função da implantação no mercado das sociedades de investimento e são

---

[221] Artigo 392.º n.º 1, conjugado com o artigo 348.º n.º 1 da LSC.

[222] Artigo 392.º n.º 2, conjugado com o n.º 1 do artigo 349.º da LSC.

[223] N.º 1 do artigo 378.º da LSC.

[224] N.º 3 do artigo 378.º da LSC.

A Propriedade Comercial 103

reguladas por um diploma especifico, o Decreto-Lei n.º 117/83, de 25 de Fevereiro.

As obrigações de caixa são valores mobiliários que incorporam a obrigação de a entidade emitente pagar ao seu titular uma certa quantia, em prazo não inferior a dois anos, e os correspondentes juros.[225]

A emissão e a oferta pública de subscrição destas obrigações não dependem de qualquer autorização administrativa,[226]com o valor nominal mínimo de 50 Euros ou de múltiplos desse valor, e poderão ser representados por títulos nominativos ou ao portador. No entanto, o Banco de Portugal pode, por aviso, estabelecer condições de emissão e da apresentação do prospecto.

Ao contrário da emissão das outras obrigações, a emissão destas obrigações não está sujeita ao Registo Comercial.[227]

As instituições especiais de crédito, os Bancos de Investimento, e as Sociedades de Investimento (actualmente consideradas instituições de crédito e sociedades financeiras) podem emitir obrigações de caixa com fundos próprios não inferiores a 2 500 000,00euros (Dois mil milhões e meio de euros).[228]

c) *Obrigações com «warrant»*

Estas obrigações dão direito a subscrição de acções, mas só podem ser emitidas desde que se encontrem cotadas em bolsa de valores as acções da sociedade emitente, tal como prevê o artigo 372.º – A do código das Sociedades português[229]. Entre nós, estas obrigações estão pre-

---

[225] Artigo 1.º do Decreto-Lei 408/91 de 17 de Outubro que revogou o Decreto-Lei n.º 117/83 de 25 de Fevereiro.

[226] Artigo 3.º do Decreto-Lei 408/91 de 17 de Outubro que revogou o Decreto-Lei n.º 117/83 de 25 de Fevereiro.

[227] Artigos 5.º e 6.º do Decreto-Lei 408/91 de 17 de Outubro que revogou o Decreto-Lei n.º 117/83 de 25 de Fevereiro.

[228] Artigo 2.º do Decreto-Lei 408/91 de 17 de Outubro que revogou o Decreto-Lei n.º 117/83 de 25 de Fevereiro com a redacção do Decreto-Lei n.º 181/2000, de 10 de Agosto.

[229] Warrants, autónomos, o seu regime jurídico em Portugal, encontra-se consagrado no Decreto-Lei n.º 172/93 de 29 de Maio. Os warrants autónomos podem ter como activo subjacente:

a) Valores mobiliários cotados em bolsa;

b) Índices sobre valores mobiliários cotados em bolsa;

c) Taxas de juros;

d) Divisas;

vistas na alínea e) do n.º 1 do artigo 387.º e de acordo com o consagrado no n.º 2 desse mesmo preceito legal, a sua emissão deverá ser regulada nos termos estabelecidos por lei especial.

d) *Obrigações sem cupão ou de cupão zero*

A emissão de obrigações sem cupão, também vulgarmente denominadas, obrigações de cupão zero, caracterizam-se por o preço de emissão ser geralmente abaixo do par, sendo o reembolso processado ao par, pelo valor nominal.

Trata-se de obrigações que para a sociedade emitente se consubstancia num desconto de emissão, enquanto que na óptica do subscritor haverá lugar a um prémio de reembolso[230].

O prémio de reembolso, é a diferença entre o valor do reembolso das obrigações de cupão «zero» e o seu preço de subscrição.

Obrigações sem cupão são títulos que se caracterizam, tal como a própria designação indicia, por pagarem rendimentos periódicos normalmente materializados sem cupão.

O rendimento das obrigações de cupão «zero» consiste na diferença entre o valor do·reembolso e o valor da emissão.

Estas obrigações caracterizam-se por possuir uma taxa de juro fixa e não pagarem rendimentos periódicos ao longo do período de vida.

Como vantagens para os investidores dessas obrigações de cupão «zero» saliente-se o facto de este tipo de títulos não possuírem qualquer risco de reinvestimento dos «cupões», bem como o facto de a taxa de juro fixa se poder revelar lucrativa se as expectativas de descida das taxas de juro se concretizarem.

Como desvantagem, realce-se o maior risco deste tipo de títulos, uma vez que o facto de possuírem uma taxa de juro fixa provoca uma grande volatilidade dos preços. Este facto, pode acarretar prejuízos se as taxas de juro subirem e as obrigações forem alienadas antes da data de reembolso. Tudo indica ser este o factor mais negativo que justifica que este tipo de obrigações não se tenha incrementado.

---

e) Outros activos de natureza análoga que o Ministro das Finanças, por Portaria, venha a estabelecer (conforme o artigo 3.º n.º 1 do referido Decreto-Lei 172/93 de 29 de Maio.

[230] Para um estudo aprofundado destas obrigações veja-se António Manuel Proença in "Produtos e Instrumentos financeiros" Editora Rei dos Livros.

A Propriedade Comercial 105

Vale a pena dizer que ultimamente têm surgido no mercado também, obrigações de baixo cupão que se caracterizam pelo facto dos aforradores obterem uma primeira remuneração no pagamento do cupão periódico fixo, e, posteriormente um prémio de reembolso. Este produto financeiro associa a vantagem para a entidade emitente de redução do seu esforço financeiro anual numa perspectiva de desembolso de tesouraria, sem qualquer penalização do rendimento dos seus investidores.

A emissão de obrigações sem cupão e com baixo cupão é particularmente vantajosa para as sociedades que iniciem a sua actividade ou para sociedades cujo projecto de investimento tenha um longo período de maturação, face à existência, por parte destas entidades de poucos recursos financeiros.

Um outro aspecto que convém realçar é o facto de existir uma barreira psicológica por parte do aforrador em investimentos neste tipo de obrigações, uma vez que a subscrição se efectua abaixo do valor nominal.

Por ouro lado ainda, há que reconhecer que o mercado português, tanto quanto é do conhecimento público, está muito pouco habituado a pequenas oscilações do valor das obrigações, em torno do valor nominal: se reduzir-se o valor do cupão, a estabilidade é prejudicada, sendo tanto maior quanto mais elevada for a redução do cupão. Atente-se, por último no factor «inflação» que leva a prever uma acentuada volatilidade futura das taxas de juro internas com nefastas consequências no valor das obrigações de cupão fixo.

e) *Títulos de participação (tp´s)*

A concluir este estudo das modalidades das obrigações, vamos analisar os Títulos de Participação (TP´S). Os títulos de participação estão numa posição intermédia entre as acções e as obrigações, e surgiram recentemente no mercado de valores mobiliários português, estando regulados pelo Decreto-Lei n.º 321/85, de 5 de Agosto, com a redacção do Decreto-Lei n.º 311/89, de 21 de Setembro. São títulos de crédito emitidos por Empresas públicas ou Sociedades anónimas pertencentes maioritariamente ao Estado, representativos de empréstimos contraídos por essas empresas a longo prazo.

A característica mais vincada destes títulos é a de conferirem o direito a uma remuneração anual composta de duas partes: uma, independente da actividade ou dos resultados da empresa, constituída por um valor fixo, uma renda, e outra parte variável, determinada em função dos resultados, do volume de negócios ou de qualquer outro elemento da actividade empresarial.

Estes títulos, aos quais se aplicam subsidiariamente as disposições legais referentes a obrigações, com as necessárias adaptações, representam, como se referiu, empréstimos a longo prazo e só podem ser reembolsados em caso de liquidação da empresa ou, se assim o decidir, após terem decorrido pelo menos dez anos sobre a data da liberação.

Assumem importância relevante ainda os seguintes princípios normativos:

- Os fundos obtidos com a emissão de títulos de participação são equiparados a capitais próprios;
- A empresa emitente não pode amortizar o seu capital social ou reduzi-lo enquanto existirem títulos de participação «vivos» por ela emiicipantes de uma mesma emissão de títulos de participação reúnem-se e deliberam em assembleia, com funções e nas condições idênticas as que se verificam no caso dos obrigacionistas.

f) *Caracteres que distinguem as acções das obrigações*

Após termos estudado as diferentes modalidades de acções e de obrigações, cumpre agora proceder ao estudo, em jeito de resumo, dos principais caracteres que distinguem esses importantes títulos de crédito.

Do estudo que fizemos dos dois títulos, constatamos que existem grandes semelhanças entre os dois títulos.

Apesar dessa semelhança que se reconhece existir entre os dois títulos – acção e obrigação –, há distinções fundamentais que os particularizam.

De todas essas distinções, a mais significativa e por isso relevante, é aquela para a qual já anteriormente antes se chamou a devida atenção e é a seguinte:

As obrigações são títulos representativos dum crédito que o obrigacionista tem sobre a sociedade; ao passo que as acções são títulos representativos do capital da sociedade anónima ou da sociedade em comandita por acções. [231]

---

[231] Nas diferenças entre acções e obrigações reportamo-nos às acções de capital que constituem o tipo comum destes títulos de crédito.

Em resumo, os accionistas são sócios de uma sociedade anónima ou de uma sociedade em comandita por acções; os obrigacionistas são meros credores.

Deste facto resultam importantes consequências, de que se destacam as seguintes:

a) As acções, como representam capital, só dão direito a uma parte proporcional dos lucros da sociedade (o dividendo), quando estes lucros existirem; as obrigações, pelo contrário, dão sempre direito ao juro fixado na emissão, quer haja lucros ou prejuízos;

b) No caso da dissolução ou falência, os proprietários das obrigações serão pagos como credores que são; e, só depois de satisfeitos os encargos da sociedade, é que o património social restante, se o houver, será rateado pelos proprietários das acções, que são sócios da sociedade;

c) Os accionistas, como sócios que são, fazem parte da assembleia geral e têm direito de voto; aos obrigacionistas como credores que são, é apenas permitido assistir as assembleias gerais, e discutir os assuntos aí tratados, sem tomarem parte nas deliberações.

É importante ressaltar contudo, que para além destas distinções entre as acções e as obrigações, encontram-se ainda outras distinções de relevo, compreendendo as seguintes:

– O rendimento das acções tem carácter variável e aleatório (dividendo), ao passo que o rendimento das obrigações tem, em regra, carácter fixo e certo (juro).

– A emissão das acções é feita ao par (valor nominal) ou acima do par: a emissão das obrigações pode ser feita ao par, acima do par, ou abaixo do par.

– As acções, em geral não são reembolsáveis, e só dão direito a uma parcela correspondente do património líquido (se o houver), em caso de dissolução, ao contrário, as obrigações são sempre reembolsáveis nos prazos determinados no momento da emissão.

7. CONHECIMENTO DE DEPÓSITO DE MERCADORIAS E «WARRANT» OU CAUTELA DE PENHOR

O artigo 94.º do Código Comercial angolano sob a epígrafe" Armazéns gerais de comércio" estabelece o seguinte:

"Serão considerados para os efeitos deste código, e especialmente para as operações mencionadas no Título XIV do Livro II, como armazéns gerais de comércio todos aqueles que forem autorizados pelo Governo a receber em depósito géneros e mercadorias, mediante caução, pelo preço fixado nas respectivas tarifas".

Em resumo podemos dizer que os armazéns gerais a que se refere o artigo 94.º do Código Comercial têm principalmente por fim prover à guarda e conservação das mercadorias neles depositadas, permitindo simultaneamente a sua circulação e a utilização de crédito.

A circulação das mercadorias depositadas torna-se efectiva pela emissão de um título, <u>denominado conhecimento de depósito</u>[232].

A utilização de crédito sobre as mercadorias consegue-se por meio de uma cautela de penhor ou warrant, título igualmente negociável que é emitido juntamente com o conhecimento de depósito e que é o seu natural complemento.

A palavra warrant é de origem inglesa e actualmente está universalmente aceite e é utilizada para designar o título representatitvo do depósito de mercadorias em armazéns gerais.

A transmissão destes dois títulos – conhecimento de depósito e cautela de penhor – efectua-se por endosso, o qual deverá ser datado[233], e os efeitos desta transmissão variam consoante se endossa apenas um dos títulos ou se endossam ambos. Nesta última hipótese – endosso do conhecimento e da cautela de penhor –, opera-se a transmissão da propriedade das mercadorias, sem qualquer restrição. O endossado tornar-se-á proprietário das mercadorias, podendo levantá-las quando quiser e entender ou poderá antes endossar de novo os referidos títulos[234]

---

[232] Artigo 408.º n.º 1 do Código Comercial.
[233] Artigo 411.º do Código Comercial.
[234] Artigo 411.º Parágrafo único n.º 1 do Código Comercial.

No caso de endossar apenas a cautela de penhor, o endossado não ficará com a propriedade das mercarias depositadas, mas terá o direito de penhor sobre elas.[235]

No caso de se efectuar apenas o endosso do conhecimento de depósito, o endossado tornar-se-á proprietário das mercadorias depositadas, mas o portador da cautela de penhor conservará o seu direito de penhor sobre elas[236].

Para uma melhor compreensão desta matéria vejamos três exemplos específicos.

1. Alberto recebeu da África do Sul um grande carregamento de ferro e fez o seu depósito nos armazéns do Porto de Luanda. Alberto teve com isso vantagens apreciáveis, porquanto não tinha armazém com capacidades para armazenar esse stock de ferro e, como pretendesse vender o ferro, não lhe convinha fazer as enormes despesas de transporte, do cais para o seu armazém e deste para os estabelecimentos dos seus clientes; isso além de lhe não convir igualmente pagar logo os direitos referentes ao despacho aduaneiro da mercadoria[237].

Depositado o ferro, Alberto requisitou o respectivo conhecimento de depósito ou warrant anexo (cautela de penhor). Bernardo, importante industrial de Benguela, como tivesse necessidade de comprar ferro para as suas empresas, propõe a Alberto a compra de todo o carregamento do ferro em condições bastante vantajosas para ambos. Alberto endossa a Bernardo, mediante preço acordado, os dois títulos de depósito – conhecimento e warrant – operando-se assim a transferência da propriedade de todo o carregamento de Alberto para Bernardo.

2. Admitamos agora que Alberto não conseguiu encontrar imediatamente comprador para o carregamento de ferro, ou que lhe convém aguardar melhor preço no mercado, mas precisa de realizar desde logo algum dinheiro para satisfazer determinados compromissos. Alberto vai junto do Banco C da sua praça, e contrai um empréstimo, a certo juro, oferecendo como garantia desse empréstimo o penhor do ferro que tem

---

[235] Artigo 411.º parágrafo único n.º 2 do Código Comercial.

[236] Artigo 411.º Parágrafo único n.º 3 do Código Comercial.

[237] Uma outra vantagem dos armazéns gerais que importa ressaltar, é o facto da mercadoria ficar isenta de direitos durante todo o tempo em que neles estiver depositada.

em armazém. Para esse efeito, basta a Alberto endossar ao Banco C a cautela de penhor ou ("warrant").

Passado algum tempo, Alberto pode pagar a sua dívida; recebe novamente a cautela de penhor ("warrant") com a declaração respectiva e fica outra vez a negociar sem restrições o seu ferro. Entretanto na hipótese de Alberto não pagar o que deve, não poderá levantar a mercadoria em armazém sem que deposite no armazém a respectiva importância do empréstimo que contraiu. Decorrido o prazo do empréstimo sem que Alberto o liquide ou deposite a importância respectiva, o ferro será vendido e o portador da cautela de penhor (o Banco C) pagar-se-á pelo produto da venda.

3. Consideremos ainda o caso de Alberto ter endossado a cautela de penhor ao Banco C, e de não ter satisfeito a importância do empréstimo contraído, por hipótese KZ 100 000 000,00 (Cem milhões de kwanzas). Alberto fica com o conhecimento de depósito em seu poder, e nele se encontra consignado que a cautela de penhor foi negociada pela quantia de Kz100 000 000,00 pagáveis em determinada data. Admitamos que a mercadoria vale 150 000 000,00 e por isso Alberto contrata com a Empresa metalúrgica D que necessita de adquirir ferro e a sua venda processa-se por este preço. Como sobre o ferro recai já um encargo de KZ 100 000 000,00 (proveniente do empréstimo contraído por Alberto ao Banco C), a empresa D deduz essa importância ao seu valor e entrega a Alberto apenas a quantia de Kz 50 000 000,00, para que este lhe endosse o respectivo conhecimento de depósito.

Após o endosso, a empresa D torna-se proprietário do ferro depositado no armazém do Porto de Luanda, mas não pode levantá-la sem que resgate o empréstimo de 100 000000,00 contraído no Banco C, ou sem que deposite no armazém geral essa mesma quantia.[238]

O depositante dos armazéns gerais, se necessitar vender a diversos clientes as mercadorias depositadas, pode pedir a divisão delas. Para isso, o conhecimento e a cautela, referentes a totalidade das mercadorias, serão anulados e substituídos por vários títulos parciais que mais facilmente se podem negociar.[239]

Os géneros e mercadorias depositados nos armazéns gerais não podem ser penhorados, arrestados, dados em penhor (salvo através de

---

[238] Artigo 415.º do Código Comercial.
[239] Artigo 410.º do Código Comercial.

«warrant»), ou por qualquer outra forma obrigados, a não ser em casos muito especiais.[240]

A utilização do crédito por meio da cautela de penhor (ou warrant) é um dos mais notáveis benefícios dos armazéns gerais e por isso, a lei atribui a esse título de crédito a maior importância.

Deste modo, se chegado o vencimento do empréstimo (garantido pelo penhor de mercadorias) a dívida não for satisfeita, o portador da cautela de penhor (credor), pode fazê-la protestar, como sucede para as letras, e dez dias depois proceder à venda do penhor.[241]

Mas, mesmo sem protesto, o portador da cautela de penhor nunca perde os seus direitos em relação ao devedor; perde-os apenas em relação aos outros endossantes, se os houver.[242]

8. CONHECIMENTO DE CARGA – PERTENCE

O conhecimento de carga ou pertence é o documento probatório do transporte de mercadorias por navio que resulta do contrato de fretamento e da sua carta –partida ou carta de fretamento[243].

a) *Direito aplicável ao transporte de mercadorias por mar*

O direito aplicável ao contrato de transporte de mercadorias por mar são os tratados e as convenções internacionais vigentes em Angola.

Esta matéria de direito comercial marítimo encontra-se regulada no Livro III, Título I, Capítulo V, mais concretamente nos artigos 538.º a 540.º do Código Comercial.

Em termos de direito comparado, importa dizer que esta matéria foi expressamente revogada do Código Comercial pelo Decreto-Lei n.º 362/86 de 21 de Outubro.

Para um estudo mais detalhado desta matéria vamos seguir de perto a esquematização que o legislador português utilizou ao tratar desta matéria de harmonia com a citada legislação e o Código Comercial.

---

[240] Artigo 414.º do Código Comercial.
[241] Artigo 417.º do Código Comercial.
[242] Artigo 424.º do Código Comercial.
[243] Artigo 540.º do Código Comercial.

b) Declaração de carga

O carregador deve entregar ao transportador uma declaração de carga, contendo os seguintes elementos:

- A natureza da mercadoria e os cuidados a ter com ela;
- As marcas necessárias a sua identificação;
- O número de volumes ou de objectos e a quantidade ou o peso;
- O tipo de embalagem e o acondicionamento da mercadoria;
- O porto de carga e o porto de descarga;
- A data[244]

c) Conhecimento de Carga

Quando da recepção da mercadoria para embarque, o transportador deve entregar ao carregador um recibo ou um conhecimento de carga, com a menção expressa «para embarque», devendo conter os elementos referidos para a declaração de carga mais os seguintes:

- O conhecimento e o estado aparente da mercadoria;
- O nome do navio transportador;
- Outros elementos que considere relevantes[245];

d) Emissão do Conhecimento de Carga

Após o início do transporte marítimo, o transportador deve entregar ao carregador um conhecimento de carga de acordo com o que determinarem os tratados e convenções internacionais. Este documento pode ser substituído pelo conhecimento que o transportador entregou ao carregador, a que aludimos nas alíneas b) e c), depois de nele terem sido exaradas a expressão «carregado a bordo» e a data do embarque.

É importante referir que somente o transportador de mercadorias tem legitimidade para emitir o respectivo conhecimento de carga[246]

Quanto à sua transmissão, é de sublinhar que a mesma está sujeita ao regime geral dos títulos de crédito.[247]

---

[244] Artigo 4.º do Decreto-Lei n.º 352/86, de 21 de Outubro.

[245] Artigo 5.º do Decreto-Lei 352/86, de 21 de Outubro, conjugado com o artigo 538.º do Código Comercial.

[246] Artigo 8.º do Decreto-Lei 352/86 de 21 de Outubro.

[247] Artigo 11.º do Decreto-Lei 352/86 de 21 de Outubro.

CAPÍTULO III
Os direitos de propriedade industrial

I. INTRODUÇÃO

Os direitos de propriedade industrial estão regulados numa Lei própria, a Lei de Propriedade Industrial que foi aprovada pela Lei 03/92 de 28 de Fevereiro.

A Lei de Propriedade Industrial regula direitos relativos a:

Patentes (Capítulo II artigos 2.º a 14.º);

Modelos de utilidade e desenhos e modelos industriais (Capítulo III artigos 15.º a 28.º)

Marcas (Capítulo IV artigos 29.º a 40.º);

Recompensas (Capítulo V artigos 41.º a 47.º);

Nome e insígnia do estabelecimento (Capítulo VI artigos 48.º a 60.º);

Indicações de proveniência (Capítulo VII artigos 61.º a 62.º)

Estes direitos de propriedade industrial são vulgarmente denominados "sinais distintivos de comércio". Todavia, é importante sublinhar que não são exclusivos do comércio, como de resto a própria Lei faz questão de referir logo no n.º 1 do artigo 1.º

"A presente lei visa a protecção da propriedade industrial que abarca não só a indústria e o comércio propriamente dito, mas também as indústrias agrícolas e extractivas, bem como todos os produtos naturais ou fabricados". [248]

---

[248] Sobre esta problemática, veja-se entre outros Jorge Manuel Coutinho de Abreu "Curso de Direito Comercial" Volume I "Almedina" 7.ª Edição, pág. 351 e seguintes; Miguel Pupo Correia "Direito Comercial-Direito da Empresa" 9.ª Edição Ediforum 2005;

Não obstante a natureza jurídica da natureza jurídica destes bens ter sido mais ou menos controvertida na doutrina portuguesa, perfilho a concepção que tem predominado nos países latinos e anglo-saxónicos de que os sinais distintivos de comércio lato sensu, visto abrangerem outros sectores de actividades como a industria e os serviços, são objecto de direitos imateriais, direitos incorpóreos, direitos de propriedade industrial, tal como previstos no artigo 1303.º do Código Civil, e por isso, embora com um regime especial relativamente às coisas corpóreas, são verdadeiros direitos reais, gozando os seus titulares de modo pleno e exclusivo do *jus utendi, jus fruendi e do jus abutendi,* dentro dos limites da lei e das restrições por ela impostas, como dispõe o artigo 1305.º do Código civil.[249] Por esta razão o Lei de Propriedade Industrial é, no direito angolano, uma lei especial face ao código civil.[250]

É importante recordar o que ficou antes dito, a qualificação desta propriedade como industrial é enganadora quanto ao âmbito das actividades que dela beneficiam. Na verdade, estes direitos não estão reservados apenas à indústria propriamente dita; aplicam-se também ao comércio, às indústrias das pescas, agrícolas, florestais, pecuárias e extractivas, bem como a todos os produtos naturais ou fabricados e aos serviços[251].

O direito de propriedade industrial tem vocação internacional. Desde o século XIX que existe uma regulação internacional. Existe uma organização internacional, a Organização Mundial da Propriedade Industrial (OMPI) que se ocupa de garantir a sua protecção no maior número de Países. Actualmente a Organização Mundial do Comércio (OMC), tem vindo a chamar a si também a regulação da propriedade industrial. Esta vocação internacional pressionou o aparecimento de normas de direito comunitário europeu e de organizações regionais de diversos continentes, com realce para o direito comunitário europeu; Assim, desde a Convenção de Munique sobre a Patente Europeia (CPE), passando pelas Directivas de harmonização das legislações dos Estados membros em matéria de marcas e desenhos e modelos industriais, até dois Regulamentos, um sobre a marca comunitária e outro sobre desenhos e modelos industriais. Paralelamente os Estados membros foram aprovando Códigos de Proprie-

---

Oliveira Ascensão, "Direito Comercial, Volume II Lisboa, 1988; Carlos Olavo "propriedade Industrial" Almedina 2005.

[249] Jorge Manuel Coutinho de Abreu, ob. cit. pág. 352; Orlando de Carvalho "Direito das coisas" "Centelha" Coimbra, 1977, pág. 190 e seguintes.

[250] C. Civil artigo 1302.º.

[251] Artigo 1.º e Artigo 2.º da Lei de Propriedade Industrial.

dade Industrial procurando colocar o direito nacional em sintonia com essas normas internacionais.

A Lei de Propriedade Industrial angolana inspirou-se também ela nesta sistematização normativa internacional e teve como principal padrão normativo o Código de Propriedade Industrial português. Podemos assim concluir sem margem para dúvidas que temos uma Lei moderna, que teve o cuidado de acompanhar a evolução que nesse domínio se registou no Mundo e em particular na Europa de modo a manter o direito interno vigente actualizado[252].

Procederemos nos números seguintes ao estudo em síntese dos principais direitos regulados no Lei de Propriedade Industrial, respeitando para tanto a ordem da sua sistematização.

II. PATENTE

A patente é o primeiro direito de propriedade industrial que está especialmente regulado no Lei de Propriedade Industrial.

1. O artigo 1.º consagra no seu n.º 1 o seguinte:

"Para efeitos da presente lei entende-se por patente o título jurídico concedido para proteger uma invenção e que confere ao seu titular o direito exclusivo de a explorar".

O artigo 3.º estabelece que podem ser objecto de patente, as invenções novas, implicando actividade inventiva, que sejam susceptíveis de aplicação industrial.[253]

Os requisitos de patenteabilidade vêm consagrados no n.º 1 do art.º 3.º

1. Uma invenção é patenteável se for nova, se implicar uma actividade inventiva e se for susceptível de aplicação industrial.

---

[252] Artigo 77.º da Lei de Propriedade Industrial.

[253] N.º 2 do artigo 2.º do LEI DE PROPRIEDADE INDUSTRIAL *"Uma invenção é patenteável se for nova, se implicar uma actividade inventiva e se for susceptível de aplicação industrial".*

A) *NOVIDADE*

Uma invenção é considerada nova quando não está compreendida no estado da técnica[254]. Considera-se incluído no estado da técnica tudo o que, dentro ou fora do país, foi tornado acessível ao público antes da data do pedido da patente[255].

A decisão sobre se uma invenção é nova ou já estava compreendida no estado da técnica é uma competência atribuída ao organismo público responsável, no caso de Angola, o Instituto Nacional de Propriedade Industrial, e que se fundamentará no exame de invenção previsto no artigo 3.º e 4.º à contrário sensu.

B) *ACTIVIDADE INVENTIVA*

Em conformidade com o que dispõe a Lei de Propriedade Industrial, uma invenção é dotada de actividade inventiva se, para um perito na especialidade, não resultar de maneira evidente do estado da técnica[256].

A doutrina considera que este requisito representa um novo passo face ao requisito da novidade, que é acrescido por via da referência à figura do perito na especialidade.[257]

C) *APLICAÇÃO INDUSTRIAL*

Uma invenção é susceptível de aplicação industrial quando o seu objecto possa ser fabricado ou utilizado em qualquer género de indústria ou agricultura[258].

De certo modo, este conceito pode ser esclarecido pelas limitações quanto ao objecto da patente estabelecidas no artigo 5.º nomeadamente pela exclusão de patenteabilidade das descobertas, assim como as teorias científicas e os métodos matemáticos. Por exemplo, a descoberta da gra-

---

[254] N.º 2 do artigo 3.º da Lei de Propriedade Industrial.

[255] N.º 3 do artigo 3.º do Lei de Propriedade Industrial.

[256] N.º 5 do artigo 3.º "Uma invenção é considerada como implicando uma actividade inventiva se para uma pessoa normalmente competente, ela não resulta de forma evidente do estado da técnica".

[257] António Perez de La Cruz in "Rodrigo Uria/Aurélio Menendez, Curso de derecho mercantil I Civitas, Madrid, 1999, pág. 398.

[258] Artigo 3.º n.º 6 da Lei da Propriedade Industrial.

A Propriedade Comercial 117

vidade não é patenteável, mas no entanto, já será patenteável uma particular aplicação desta teoria por via da invenção de um engenho que utilize a gravidade para o seu funcionamento.

D) *CLASSES DE PATENTES*

Vejamos agora algumas das principais classificações de patentes utilizadas

a) *Patentes de produto, de processo e de uso*

Atendendo à natureza da invenção, as patentes podem dividir-se em patentes de produto, de processo ou de uso.

A patente é de um produto quando a invenção se traduziu na descoberta de um novo produto, na sua composição química ou mecânica. A esta classe de patente se refere o artigo.

A patente de processo consiste na descoberta de um novo modo para a obtenção de um produto.

A patente de uso traduz-se numa nova utilização (até então desconhecida) de um produto já conhecido. Na doutrina encontramos, a título de exemplo, o uso do minoxidil, como remédio contra a calvice ou a aplicação do ácido acetilsalicilico como medicamento para doenças cardíacas.

b) *Patente nacional e internacional*

O critério utilizado para esta classificação é a via de procedimento de concessão.

Podemos considerar três vias clássicas:

1. Via Nacional

A concessão pode ser obtida pela via nacional estabelecida nos artigos 5.º a 12.º do Lei de Propriedade Industrial. A patente assim obtida por acto do INIPI tem um âmbito de protecção restrito ao território nacional.

2. Via Europeia

Através da Convenção sobre a Patente Europeia, assinada em Munique a 5 de Outubro de 1973[259]. Os Estados signatários instituíram um processo único para a concessão da patente. O pedido poderá ser apresen-

---

[259] CPE entrou em vigor em 1977.

118 *Manual de Direito Comercial Angola*

tado perante o serviço público nacional ou perante o Instituto Europeu de Patentes. Obtida a patente, ela será então protegida em todos os países signatários da Convenção de Munique para que tenha sido pedida protecção.

3. Via internacional

Poderá formular-se o pedido internacional, isto é, um pedido apresentado nos termos do Tratado de Cooperação em Matéria de Patentes, concluído em Washington em 19 de Julho de 1970 (conhecido pelas iniciais PCT). Este pedido pode ser apresentado no Instituto Nacional de Propriedade industrial, ou na Organização Mundial da Propriedade Intelectual (OMPI), aplicando-se o regime.

c) Direito à patente

O direito à patente pertence ao inventor.[260] Actualmente, o que ocorre na maioria dos casos é que a maioria das invenções são fruto do investimento das empresas ou de outras organizações, realizando-se a actividade de investigação no quadro de uma relação de trabalho ou de um contrato de prestação de serviços. Nesses casos, o direito à patente, é óbvio que pertence à entidade empregadora[261].

d) Processo de Concessão

O titular do direito à patente pode requerer a sua concessão por uma das três vias acima referidas.

Escolherá a via nacional se pretender uma protecção limitada ao território nacional.

Escolherá a via internacional se pretender uma protecção alargada a todos os Estados.

Recebido o pedido de patente, o órgão competente do Ministério da Indústria (Instituto Nacional de Propriedade Industrial procede ao exame quanto à forma, após o qual efectuará a publicação no Boletim da Propriedade Industrial

---

[260] Artigo 2.º da Lei de Propriedade Industrial *"Para efeitos da presente lei entende--se por patente o título jurídico concedido para proteger uma invenção e que confere ao seu titular o direito exclusivo de a explorar".*

[261] Artigo 12.º da Lei de Propriedade Industrial.

E) *CONTEÚDO DO DIREITO*

A duração da patente é de 15 anos contados da data do respectivo pedido[262].

No plano interno, face ao objecto, o titular da patente tem o direito exclusivo de explorar a invenção em qualquer parte do território angolano;

No plano externo, face a terceiros, o titular da patente tem o direito de impedir, sem o seu consentimento, o fabrico, a oferta, a armazenagem, a introdução no mercado ou a utilização de um produto objecto da patente, bem como a importação do mesmo.

No entanto este poder exclusivo tem limites. O legislador admitiu a hipótese de um eventual conflito de interesses entre o particular e o Estado, e regulou desta forma a favor do Estado esse mesmo conflito de interesses.

Artigo 10.º
(Privação da patente)

Quando o interesse público, em particular a segurança nacional, a saúde ou o desenvolvimento de sectores vitais da economia nacional o exigirem, o conselho de Ministros poderá decidir a exploração da invenção por organismo estatal, ou por terceiro designado pelo Ministro de tutela respectivo sem a concordância do titular da patente, mediante o pagamento, de justa indemnização[263].

F) *O EXERCÍCIO DO DIREITO. AS LICENÇAS OBRIGATÓRIAS*

A concessão da patente só tem sentido útil se o direito for exercido. De facto seria contraditório com a sua função económica e social, se a concessão da patente se traduzisse num mero meio de impedir o desenvolvimento da economia. Esta função do direito justifica a obrigação da exploração imposta na primeira parte do n.º 1 do artigo 11.º e no n.º 2 do

---

[262] Artigo 6.º n.º 1 da Lei de Propriedade Industrial.

[263] Na prática assiste-se aqui à figura da expropriação por utilidade pública, figura jurídica consagrada no artigo 1318.º do Código Civil e que limita legalmente o exercício dos direitos reais, como estabelece o n.º 1 do artigo 1306.º do código Civil "Os direitos reais não podem ser restringidos senão nos termos da lei".

mesmo artigo 11.º , bem como as licenças obrigatórias previstas no n.º 3 desse mesmo artigo. A exploração deve ter início no prazo de três anos a contar da data da concessão[264].

A hipótese de falta ou insuficiência de exploração é um dos fundamentos das licenças obrigatórias, as quais podem ter lugar também no caso de existência de interesse público[265]

G) *A PATENTE COMO OBJECTO DE NEGÓCIOS*

1. A transmissão
Os direitos emergentes da patente podem ser transmitidos.[266]
2. A licença de exploração
Os direitos emergentes da patente podem também ser objecto de licenças de exploração.[267]

H) *EXTINÇÃO DA PATENTE*

A patente pode ser extinta por diversas causas:

1. Nulidade da Patente;
As causas especiais de nulidade da patente são indicadas no artigo 13.º

Artigo 13.º
(Nulidade da patente)
É nula a patente quando:

a) O seu objecto não satisfaz as condições previstas no artigo 3º[268];
b) Se constate que o seu objecto não era patenteável nos termos do artigo 4.º;
c) Concedida contrariando direitos de terceiros;

---

[264] N.º 1 do artigo 13.º da Lei de Propriedade Industrial.
[265] N.º 2 do artigo 13.º da Lei de Propriedade Industrial.
[266] Artigo 8.º da Lei de Propriedade Industrial.
[267] Artigo 9.º da Lei de Propriedade Industrial.
[268] No artigo 3.º estão previstos, como antes vimos, os requisitos de novidade, actividade inventiva e aplicação industrial.

A Propriedade Comercial 121

d) Se constante que o titulo não corresponde ao seu verdadeiro objecto;

e) No seu processamento tiver sido omitida qualquer das formalidades legais prevista nesta lei.

2. Caducidade

O artigo 14.º regula a caducidade da patente. Pela sua importância vamos transcrevê-lo na íntegra abaixo.

O regime da caducidade aí disposto estabelece o seguinte:

A patente caduca quando expirar o seu prazo de duração que é de quinze anos, como já sabemos[269].

Mas caduca igualmente por falta de pagamento das taxas devidas, por renúncia, ou por interrupção da exploração por prazo superior a 2 anos, salvo motivo de força maior.

Artigo 14.º
(Caducidade da patente)

1. A patente caduca:

a) Pela expiração do prazo de protecção legal;

b) Pela renúncia do respectivo titular ou seus sucessores;

c) Quando não tenha sido iniciada a sua exploração no país de forma efectiva e regular, dentro de 4 anos após a concessão a patente;

d) Quando a sua exploração for interrompida por mais de 2 anos, salvo motivo de força maior comprovado;

e) Por falta de pagamento de taxas, salvo quando proprietário da patente requeira a sua revalidação no prazo de 6 meses contados da data em que deveria efectuar o pagamento da taxa.

3. Salvo motivo de força maior comprovado, o titular da patente que não haja iniciado no pais a exploração da invenção dentro dos 3 anos, após a sua concessão ou que a tenha interrompido por tempo superior a um ano ficará obrigado a conceder licença de exploração a terceiro que o solicite.

4. Por motivo de interesse publico, poderá também ser concedido a um terceiro licença obrigatória, não exclusiva para exploração de

---

[269] N.º 1 do artigo 6.º da Lei de Propriedade Industrial

invento em desuso ou cuja exploração efectiva não atenda às necessidades do mercado.

5. Não será considerada exploração de modo efectivo a invenção industrializada, que for substituída por importação, salvo no caso de acordos em que o país seja parte.

III. MODELOS DE UTILIDADE

A figura do modelo de utilidade é concebida como uma segunda forma de protecção de invenções. Compreende-se assim a sua sistematização, estando regulada no Capítulo III, (seguindo-se imediatamente ao Capítulo II) que regula a Patente. O regime jurídico dos modelos de utilidade está traçado de modo a proteger as invenções por um procedimento administrativo mais simplificado, expedito e acelerado que o das patentes. Por essa razão a mesma invenção pode ser objecto simultânea ou sucessivamente de um pedido de patente ou de um pedido de modelo de utilidade.

1. Objecto e requisitos dos modelos de utilidade

Considera-se modelo de utilidade toda a disposição ou forma nova obtida ou introduzida em objectos como ferramentas, instrumentos de trabalho ou utensílios que melhorem ou aumentem as suas condições de aproveitamento e utilidade[270].

Constatamos assim que o objecto do modelo de utilidade é semelhante ao da patente, apenas se excluindo as invenções que incidam sobre matéria biológica ou sobre processos químicos ou farmacêuticos.

Por uma razão de hierarquia, o modelo de utilidade deixa de produzir efeitos após a concessão de uma patente relativa a mesma invenção.

O modelo de propriedade é, assim, um direito de propriedade industrial que protege as invenções com uma força jurídica menor do que a patente e que se encontra construído na sombra da patente.

2. Classes de modelos de utilidade.

Existem modelos de utilidade relativos a produtos ou a processos.

---

[270] Artigo 15.º n.º 1

2. Objecto e requisitos do modelo de utilidade industrial

É tido como modelo industrial toda a forma plástica, associada ou não a linha ou cores que possam servir de tipo na fabricação de um produto industrial ou artesanal[271].

Para ser objecto de um modelo de utilidade a invenção terá de ser nova, implicar actividade inventiva e ser susceptível de aplicação industrial[272].

Considera-se desenho industrial toda a disposição ou conjunto novo de linhas ou cores que, com fim industrial ou comercial possa ser aplicado na ornamentação de um produto por qualquer processo manual, mecânico, químico, simples ou combinado[273].

3. Processo de concessão

Vimos que o regime jurídico do modelo industrial concede mecanismos mais favoráveis e expeditos para o processo de concessão relativamente ao procedimento estabelecido para requerer a concessão da patente. Assim as formalidades para o pedido da concessão da patente são bem mais rigorosas[274] do que as formalidades para o pedido da concessão do modelo industrial[275]

A publicação do pedido de modelo industrial não está condicionada às apertadas exigências para a publicação do pedido da concessão da patente. Por outro lado, tendo o modelo industrial um período de validade de cinco anos, esse período pode ser renovado por dois sucessivos períodos de cinco anos mediante o pagamento de uma mera taxa de renovação. O que equivale dizer que na prática o modelo industrial acaba por ter o mesmo período de validade de quinze anos estabelecido para a patente, mas com um grau de exigências menor do que a patente e que se encontra construído na sombra da patente para cujas regras se fazem sucessivas remissões (entre outras as seguintes disposições procedem a remissões; artigo 18.º; artigo 26.º; e artigo 28.º)

Por esta razão a exposição desta matéria fica resumida a breves notas focando especialmente os aspectos em que as duas figuras se separam.

---

[271] N.º 1 do artigo 16.º do LEI DE PROPRIEDADE INDUSTRIAL.

[272] Artigo 17.º do LEI DE PROPRIEDADE INDUSTRIAL.

[273] N.º 2 do artigo 16.º do LEI DE PROPRIEDADE INDUSTRIAL.

[274] Artigo 5.º.

[275] Artigo 23.º do LEI DE PROPRIEDADE INDUSTRIAL.

4. Conteúdo do direito

O direito do modelo industrial mede-se pelo conteúdo das reivindicações constantes do pedido interpretadas segundo a descrição e os desenhos, tal como sucede com a patente.

O prazo de validade do título do modelo de utilidade é, como já antes vimos, menor do que o da patente, é de concretamente cinco anos renováveis sucessivamente por dois períodos de igual tempo, o que acaba por perfazer os referidos 15 anos previstos para o prazo de validade da patente.

IV. DESENHOS OU MODELOS

1. Noção e objecto

O conceito de desenho ou modelo é dado no n.º 1 do artigo 16.º do CPI.

O modelo ou desenho designa a aparência da totalidade, ou de parte, de um produto resultante das características de, nomeadamente, linhas, contornos, cores, forma, textura ou materiais do próprio produto e da sua ornamentação.

O desenho ou modelo têm por objecto um produto, conceito definido no n.º 2 do artigo 16.º

Artigo 16.º
(Noção de modelo e desenho industrial)

1. É tido como modelo industrial toda a forma plástica, associada ou não a linha ou cores que posam servir de tipo na fabricação de um produto industrial ou artesanal.

2. Desenho industrial considera-se toda a disposição ou conjunto novo de linhas ou cores que, com fim industrial ou comercial possa ser aplicado na ornamentação de um produto por qualquer processo manual, mecânico, químico, simples ou combinado.

2. Requisitos da concessão

O desenho ou modelo para ser protegido em sede de propriedade industrial devem ser novos e possuírem carácter singular, tal como se estabelece no artigo 17.º que abaixo se transcreve.

Artigo 17.º
(Modelos e desenhos protegidos)

Só podem ser registados os modelos ou desenhos industriais novos e os que, mesmo compostos de elementos conhecidos realizem combinações originais que emprestem aos respectivos objectos um aspecto geral com características próprias.

Os requisitos de novidade e de carácter singular assumem dimensão especial quando está em causa um produto complexo. Neste caso a lei regula nos artigos 17.º e 19.º do modo seguinte:

Artigo 17.º
(Modelos e desenhos protegidos)

Só podem ser registados os modelos ou desenhos industriais novos e os que, mesmo compostos de elementos conhecidos realizem combinações originais que emprestem aos respectivos objectos um aspecto geral com características próprias.

Artigo 19.º
(Novidade do desenho ou modelo)

1. Um desenho ou um modelo é novo se não tiver sido divulgado por meio idóneo no país ou no estrangeiro de forma que possa ser explorado por alguém da especialidade.

2. Não se considera novo o desenho que já tenha sido objecto de depósito, embora nulo ou caduco, dentro ou fora do país e o que tenha sido utilizado de modo notório ou por qualquer forma tenha caído no domínio do público.

3. Direito ao desenho ou modelo

O direito ao registo pertence ao autor do desenho, ou modelo, tal como a patente pertence ao inventor, sendo aplicável, aliás em matéria de autoria o regime da patente por remissão do artigo 26.º

4. Processo de registo

O CPI define o regime do registo nacional. O pedido de registo é apresentado ao INPI do Ministério da Industria na forma estabelecida nos artigos 23.º e 74.º do CPI, isto é por requerimento dirigido ao órgão do Ministério da Industria competente, com os elementos descritos no artigo 23.º.

5. Conteúdo do direito

O direito de propriedade é conferido a todos os desenhos ou modelos que não suscitem uma impressão global diferente no utilizador informado.

Tem uma duração de 5 anos a contar da data do pedido podendo ser renovada por períodos iguais até ao limite de quinze anos.[276]

6. Transmissão

Os desenhos ou modelos podem ser transmitidos, mas apenas com expressa autorização do seu titular, como estabelece a contrário sensu o n.º 2 do artigo 25.º do CPI cujo texto se transcreve abaixo

Artigo 25.º
(Licença para exploração)

1. A exploração total ou parcial de desenho ou modelo industrial só poderá ter lugar mediante licença do seu titular, sem prejuízo do direito de propriedade deste último.

2. O direito obtido pela licença de exploração não pode ser alienado sem autorização expressa do titular do depósito salvo estipulação em contrário.

V. MARCAS

1. Função da marca

As marcas servem para distinguir os produtos ou serviços de uma empresa das de outras empresas. Esta é a função principal da marca, é a sua função essencial, e é uma função distintiva. No entanto, desta função distintiva podem derivar outras, nomeadamente a função de garantia de qualidade dos produtos ou serviços e uma função publicitária[277].

2. O direito à marca

O n.º 2 do artigo 29.º que se transcreve abaixo, confere o direito à marca a todos os empresários, embora esse direito seja reconhecido tam-

---

[276] Artigo 25.º do LEI DE PROPRIEDADE INDUSTRIAL.
[277] Veja-se a esse propósito Luís M. Couto Gonçalves, "Direito das Marcas", Almedina, Coimbra, 2003, pág. 17 e seguintes; Jorge Manuel Coutinho de Abreu "Curso de Direito Comercial Volume I Almedina, Coimbra, 2003, pág. 354 e seguintes.

bém a não empresários que tenham nisso algum interesse (tal como se infere do artigo 30.º, que igualmente se transcreve abaixo).

Artigo 29.º
(Direito sobre a marca. Classificação)

1. Todo aquele que adoptar uma marca para distinguir os produtos da sua actividade económica, gozará da propriedade e do exclusivo dela desde que registada de conformidade com o estipulado nesta lei.

2. Para efeito do presente diploma legal as marcas podem classificar-se em industriais, comerciais e de serviços

Artigo 30.º
(Direitos ao uso da marca. Marca colectiva)

1. O direito de usar marcas cabe:

a) Aos industriais para assinalar os produtos do seu fabrico;

b) Aos comerciantes para assinalar os artigos ou mercadorias do seu comercio;

c Aos agricultores e produtores para assinalar os produtos da agricultura, da pecuária e ainda de qualquer exploração agrícola, zootécnica, florestal ou extractiva;

d Aos artesãos para assinalar os produtos da sua arte ou profissão;

e) Aos grupos empresariais representativos de uma actividade económica;

f) Aos profissionais autónomos, entidades ou empresas para distinguir os seus serviços ou actividades.

2. Para efeitos do disposto na alínea e) a marca entendida aqui como colectiva, destina-se a ser usada por aqueles a quem o respectivo estatuto ou diploma orgânico confira esse direito.

3. Por marca colectiva entende-se a que è utilizada por um grupo económico para distinguir os produtos fabricados ou vendidos ou serviços prestados por cada um dos elementos do grupo.

3. A aquisição do direito à marca

O direito sobre a marca adquire-se pelo registo que é concedido pela autoridade administrativa competente do Ministério da Industria.[278]

---

[278] Artigo 29.º; 32.º e 74.º do LEI DE PROPRIEDADE INDUSTRIAL

4. Composição da marca

As marcas devem ser constituídas por um sinal ou conjunto de sinais susceptíveis de representação gráfica. Por essa razão são legalmente impossíveis marcas olfactivas, gustativas e tácteis.

A Lei de Propriedade Industrial delimita os elementos que podem integrar a marca por dois caminhos: Positivamente, no artigo 31.º; e negativamente, no artigo 35.º. Importa sublinhar que para completar a delimitação do que não pode ser utilizado como marca, é necessário ter em conta os artigos 38.º que regula a duração do registo, o artigo 39.º que regula a caducidade do registo, e o artigo 41.º que regula a nulidade do registo.

Começaremos por ver o que é permitido, para de seguida analisarmos o que é proibido.

A enumeração dos elementos que podem integrar a composição de uma marca é feita no artigo 31.º que se transcreve abaixo. Como facilmente se infere do n.º 1 *in fine, (de outros idênticos ou semelhantes), essa enumeração é feita, de forma não taxativa.*

Artigo 31.º

1. A marca pode ser constituída por sinais ou conjunto de sinais visíveis, nominativos, figurativos ou problemáticos, que permitam distinguir os produtos ou serviços de uma empresa <u>de outros idênticos ou semelhantes</u>.

2. Podem ser consideradas como marcas de fabrica, comercio ou de serviço, entre outros os nomes patronímicos, os nomes geográficos, as denominações arbitrárias ou de fantasia, monogramas, emblemas, figuras, algarismos, etiquetas, combinações ou disposições de cores, desenhos, fotografias, selos e, de uma forma geral, todos os sinais materiais que sirvam para diferenciar os produtos ou serviços de qualquer empresa.

4.1. Elementos que podem fazer parte da composição da marca

Em conformidade com o que vem descrito no n.º 1 e no n.º 2 do artigo 31.º, sempre se pode retirar que na composição da marca podem entrar:

– Nomes de pessoas;
– Desenhos;
– Letras;
– Números;

– Sons;
– Forma do produto;
– Forma da embalagem do produto;
– Frases publicitárias.

Tendo em conta os elementos que podem entra na sua composição, as marcas podem classificar-se em nominativas (quando os seus componentes são nomes de pessoas ou palavras); figurativas (quando se compõem de desenhos, cores, formas); sonoras (quando são compostas por sons que sejam susceptíveis de representação gráfica); ou mistas (quando essas marcas combinem elementos de diversa natureza)

A marca constituída por um ou por vários destes elementos deverá ter capacidade distintiva, ou seja, deve ser um sinal de comércio adequado para distinguir os produtos ou os serviços e uma empresa dos produtos ou dos serviços das outras empresas[279].

4.2. Marcas proibidas
O artigo 35.º consagra o seguinte:

Em virtude da presente lei será recusado o registo das marcas que contrariem o disposto no artigo 31.º ou que em todos ou alguns dos seus elementos contenham:

a) Falsas indicações ou susceptibilidades de induzir o público em erro quanto á natureza, características ou utilidades dos produtos ou serviços que a marca utiliza;

b) Falsas indicações sobre a origem geográfica fábrica, propriedade, oficina ou estabelecimento;

c) Símbolos como, insígnias, bandeiras, armas, sinetes oficiais adoptados pelo Estado, comissariados, organizações internacionais ou quais quer outras entidades públicas nacionais ou estrangeiras sem a respectiva autorização competente;

d) Firma, nome ou insígnia de estabelecimento que não pertençam ao requerente da marca ou que o mesmo não esteja autorizado a usar;

e) Reprodução, ou imitação total ou parcial de marca já antes registada por outrem para os mesmos ou semelhantes produtos e serviços que possam suscitar erro ou confusão no mercado;

---

[279] N.º 1 do artigo 31.º do Lei de Propriedade Industrial conjugado com a alínea e) do n.º 1 do artigo 35.º do LEI DE PROPRIEDADE INDUSTRIAL.

f) Expressões ou figuras contrárias aos bons costumes ou ofensivas a lei e à ordem pública;
g) Nomes individuais ou retratos sem a devida autorização das pessoas a quem respeitem.

Da interpretação do texto do artigo 31.º (feita à contrário sensu) e das alíneas *a*) a *g*) do artigo 35.º podemos pacificamente concluir que a proibição das Marcas é de vária ordem e que as podemos enunciar do modo seguinte:

4.2.1. Marca proibida por falta de capacidade distintiva[280]

4.2.2. Marca proibida por ser enganosa

É proibida a marca enganosa. Considera-se enganosa a marca constituída por "falsas indicações ou susceptibilidades de induzir o público em erro quanto á natureza, características ou utilidades dos produtos ou serviços que a marca utiliza;[281] e falsas indicações sobre a origem geográfica fábrica, propriedade, oficina ou estabelecimento[282]

4.2.3. Marca proibida por indisponibilidade do sinal

Alguns sinais, ainda que dotados de capacidade distintiva, não podem ser usados na composição de uma determinada marca por não estarem disponíveis.

A utilização dos signos indisponíveis é proibida. Nuns casos, a proibição atinge toda a gente, por isso se diz que nestes casos, a proibição é absoluta; noutros casos, a proibição atinge apenas o requerente, por isso se diz que nestes casos, a proibição é relativa. Vamos de seguida proceder ao enquadramento legal desta matéria.

4.2.3.1. Indisponibilidade absoluta do sinal

Nos termos da alínea c) do n.º 1 do artigo 35.º do CPI deve ser recusado o registo das marcas que em todos ou em alguns dos seus elementos contenham:

"Símbolos como insígnias bandeiras armas sinetes oficiais adoptados pelo estado, comissariados, organizações internacionais ou quais quer outras entidades públicas nacionais ou estrangeiras sem a respectiva autorização competente;

---

[280] N.º 1 do artigo 31.º do LEI DE PROPRIEDADE INDUSTRIAL à contrário sensu.
[281] Alínea a) do n.º 1 do artigo 31.º do LEI DE PROPRIEDADE INDUSTRIAL.
[282] Alínea b) do n.º 1 do artigo 31.º do LEI DE PROPRIEDADE INDUSTRIAL.

4.2.3.2. *Indisponibilidade relativa do sinal*

Um determinado requerente não pode incluir na sua marca os elementos enunciados nas seguintes alíneas do artigo 35.º:

a) Firma, nome ou insígnia de estabelecimento que não pertençam ao requerente da marca ou que o mesmo esteja autorizado a usar;

b) Reprodução, ou imitação total ou parcial de marca já antes registada por outrem para os mesmos ou semelhantes produtos e serviços que possam suscitar erro ou confusão no mercado;

c) Nomes individuais ou retratos sem a devida autorização das pessoas a quem respeitem.

5. Âmbito de protecção da marca

5.1. *Duração*

Ainda que a duração do registo da marca seja de dez anos[283], a circunstância de essa duração poder ser renovada por iguais períodos sem limite, torna essa duração um direito por tempo ilimitado[284].

5.2. *Princípio da especialidade*

A marca é registada para certos produtos ou serviços. É neste âmbito que a sua capacidade distintiva deve ser aferida. Por esta razão, certas palavras ou outros signos que devem ser recusados para determinados produtos ou serviços poderão ser admitidos para individualizar outros produtos ou outros serviços.

Em sede de constituição da marca, o princípio da especialidade opera não só por força da necessidade de indicar os produtos ou serviços que se pretendem distinguir com a marca requerida, mas de forma alguma impõe que a marca apresente uma determinada composição que incorpore essa especialização.

No plano da delimitação dos direitos conferidos ao titular da marca o princípio da especialidade tem o seguinte alcance: por um lado, o titular da marca só a pode utilizar para os produtos ou serviços indicados no registo e, por outro lado, só pode proibir a sua utilização por terceiros em produtos ou serviços idênticos ou afins.

---

[283] N.º 1 do artigo 38.º do LEI DE PROPRIEDADE INDUSTRIAL.
[284] N.º 2 do artigo 38.º do LEI DE PROPRIEDADE INDUSTRIAL.

O princípio da especialidade é, assim, esclarecido pela extensão dos direitos conferidos pelo registo e, correlativamente pelo conceito de usurpação e imitação da marca.

O n.º 1 do artigo 29.º dispõe o seguinte:

"Todo aquele que adoptar uma marca para distinguir os produtos da sua actividade económica, gozará da propriedade e do exclusivo dela desde que registada de conformidade com o estipulado nesta lei".

6. A marca como objecto de negócios

6.1. Transmissão da marca

Os registos de marcas são transmissíveis, como dispõe o artigo 36.º da Lei de Propriedade Industrial. A transmissão pode ser a título gratuito ou oneroso.[285]

A regra geral é a de que com o trespasse do estabelecimento se opera a transmissão da propriedade da marca. Assim, para que tal não ocorra é necessário que os contraentes estipulem o contrário, isto é, que acordam o trespasse do estabelecimento sem que esse trespasse pressuponha a transmissão da marca desse estabelecimento. Desse modo, ocorre o trespasse mas não ocorre a transmissão da marca.

Artigo 36.º
(Transmissão da propriedade da marca)

a. A propriedade da marca registada pode ser transmitida a título gratuito ou oneroso

b. Salvo o acordo em comunitário, o trespasse de estabelecimento pressupõe a transmissão da propriedade da marca.

c. A transmissão da propriedade da marca será feita com as formalidades legais exigidas para a transmissão dos bens de que é acessório.

A transmissão da propriedade da marca será feita com as formalidades legais exigidas para a transmissão dos bens de que é acessório[286].

---

[285] Alínea a) do n.º 1 do artigo 36.º.
[286] N.º 3 do artigo 36.º da Lei de Propriedade Industrial.

A Propriedade Comercial   133

6.2. Licenças contratuais

O titular do direito de propriedade da marca pode conceder licenças de exploração por todo o tempo de vida do seu direito, ou por um prazo inferior. Essa licença pode abarcar todo o território nacional, ou apenas uma certa zona e que pode ser exclusiva ou não[287].

O contrato de concessão de licenças de exploração de marcas deve ser celebrado sob a forma escrita[288].

O direito resultante da licença de exploração não pode ser alienado sem autorização escrita e expressa do titular do registo, salvo disposição em contrário estabelecida no contrato de licença[289]. Pela importância que reveste, vamos transcrever abaixo e na íntegra o artigo 37.º que regula o licenciamento da marca.

Artigo 37.º
(Licenciamento de marca)

1. O titular do registo de uma marca pode, por contrato escrito, conceder licença para explorar em algumas partes ou em todo território nacional para todos ou alguns produtos.

2. Todo o contrato de licença deve prever o controlo eficaz pelo licenciador da qualidade dos produtos ou dos serviços do licenciado em relação aos quais a marca é utilizada, sob a pena da nulidade do contrato.

3. O licenciado salvo disposição em contrario inserida no contrato de licença, gozará de todas as faculdades atribuídas ao titular do registo

4. O direito resultante da licença de exploração não pode ser alienado sem autorização escrita e expressa do titular do registo, salvo disposição em contrário estabelecida no contrato de licença.

5. As marcas colectivas não podem ser alienadas salvo disposição especial prevista na lei ou nos estatutos dos organismos seus titulares.

6.3. Extinção do direito à marca

O direito à marca extingue-se pelas causas comuns de extinção dos direitos de propriedade industrial.

---

[287] N.º 1 do artigo 37.º da Lei da Propriedade industrial.
[288] N.º 1 do artigo 37.º da Lei da Propriedade industrial.
[289] N.º 5 do artigo 37.º da Lei da Propriedade Industrial.

6.3.1. Nulidade

Os casos de nulidade correspondem à violação de proibições absolutas. O artigo 40.º consagra expressamente o seguinte: É nulo o registo de marca que contrarie as disposições da presente lei.

6.3.2. Anulação

A constituição da marca em violação de proibições relativas gera, em princípio a sua anulabilidade deixada ao dispor dos interessados

O artigo 66.º regula o acto judicial de anulação da marca do modo seguinte:

(Acto judicial de anulação)

1. A nulidade de uma patente, do depósito de modelo ou desenho, o registo de uma marca, recompensa ou insígnia de estabelecimento só pode resultar de sentença judicial, que deverá ser registada no organismo responsável pela gestão dos direitos de propriedade industrial.

2. As acções competentes podem ser intentadas pelas pessoas com interesse directo na anulação ou por iniciativa do Ministério Publico.

Nulidade do registo da marca.

6.3.3. Caducidade

O direito ao uso da marca extingue-se por caducidade decorrido o seu prazo de vida, que é de 10 anos a contar da data de depósito do pedido do registo de propriedade da marca.[290] Além deste motivo, o direito ao uso da marca caduca também pelas seguintes razões:

– Se não forem pagas as taxas devidas;[291]
– Pela falta de uso sério durante anos consecutivos, salvo o caso de força maior devidamente justificada[292];
– Pelo uso enganoso da marca, o que acontece quando a marca sofre alterações que prejudicam a sua identidade

---

[290] N.º 1 do artigo 39.º, conjugado com o N.º 1 do artigo 38.º da Lei da Propriedade Industrial.

[291] Alínea c) do artigo 39.º da Lei da Propriedade Industrial.

[292] Alínea d) do artigo 39.º da Lei da Propriedade Industrial.

6.3.4. Renúncia

O direito ao uso da marca extingue-se por renúncia, como determina o artigo 39.º na alínea b). Trata-se de uma causa comum de extinção dos direitos de propriedade industrial que se traduz numa declaração feita pelo titular do direito de propriedade da marca ao Instituto Nacional de Propriedade Industrial

VI. RECOMPENSAS

As recompensas são prémios e títulos de distinção oficiais ou oficialmente reconhecidos (condecorações, medalhas, diplomas, atestados, etc.) concedidos a empresários por amor da bondade dos respectivos estabelecimentos e, ou produtos, ou serviços.[293] O regime das recompensas vem previsto nos artigos 41.º e 42.º que estabelecem respectivamente o seguinte:

Artigo 41.º
(Das recompensas – propriedades)

1. Para efeitos da presente lei entende-se por recompensas os sinais nominativos, figurativos ou emblemáticos concedidos no país ou no estrangeiro a industriais com o prémio de louvor ou referência pelos seus produtos ou serviços.

2. As recompensas serão propriedade de quem as receber e não podem ser aplicadas a produtos ou serviços diferentes daqueles para que foram concedidos.

Artigo 42.º
(Efeitos do Registo)

1. Com o registo da recompensa é garantida a veracidade e a autenticidade dos titulares da sua concessão e assegurada aos seus titulares o seu direito de propriedade e uso exclusivo por tempo indefinido.

2. As recompensas não registadas não podem ser adicionadas a qualquer marca, nem ao nome ou insígnia do estabelecimento.

---

[293] N.º 1 do artigo 41.º da Lei da Propriedade Industrial.

Do regime aqui consagrado podemos inferir o seguinte:

I. As recompensas constituem propriedade dos empresários a quem foram atribuídas (n.º 2 do artigo 41.º).

II. A propriedade da recompensa nasce com a sua atribuição e o seu uso não depende do registo. Porém só com o registo é que garantida a veracidade e autenticidade dos titulares da sua concessão e assegurada aos seus titulares o seu direito de propriedade e uso exclusivo "erga omnes" por tempo indefinido.

III. As recompensas são concebidas como um elemento acessório de outro bem do empresário. Por isso, a transmissão da sua propriedade deve observar aos requisitos estabelecidos no artigo 45.º como abaixo se transcreve:

Artigo 45.º
(Transmissão da recompensa)

1. A propriedade das recompensas industriais só pode transmitir-se a título oneroso ou gratuito, com todos ou com parte do estabelecimento cujos produtos justificar a sua concessão.

2. Esta transmissão será feita com observância das formalidades legais exigidas para a transmissão dos bens do que são acessórios.

VII. NOME E INSÍGNIA DO ESTABELECIMENTO

Os empresários desenvolvem a sua actividade num espaço fisíco aberto ao público que, como sabemos, na tradição do direito e da doutrina angolana é designado estabelecimento comercial. Os empresários poderão identificar esse estabelecimento através de um nome ou de um nome e de uma insígnia segundo o disposto nos artigos 48.º a 50.º da Lei da Propriedade Industrial.

1. Composição

1.1. Constituição do nome do estabelecimento
Esta matéria está regulada nos artigos 48.º e 49.º que abaixo se transcrevem:

Artigo 48.º
(Noção de nome e insígnia)

Para efeito da presente lei entende-se por nome de estabelecimento o sinal emblemático ou figurativo, utilizados para designar ou tornar conhecidos os estabelecimentos onde se exerce uma actividade comercial, industrial ou de serviços.

Artigo 49.º
(Constituição do nome do estabelecimento)

Podem servir de nome do estabelecimento:
a) As denominações de fantasia ou outras;
b) O pseudónimo ou alcunha do seu proprietário;
c) O nome do local onde se encontra instalado o estabelecimento desde que acrescido de um elemento distintivo.

1.2. Constituição da insígnia do estabelecimento

Esta matéria está regulada no artigo 50.º que abaixo se transcreve.

Nos termos do artigo 50.º considera-se insígnia de estabelecimento qualquer sinal externo figurativo ou emblemático, simples ou combinado com outros elementos, como palavras ou divisas, desde que no seu todo apresente uma configuração própria e específica.

Artigo 50.º
(Constituição da insígnia)

A insígnia de um estabelecimento pode ser formada por qualquer sinal externo figurativo ou emblemático, simples ou combinado com outros elementos, como palavras ou divisas, desde que no seu todo apresente uma configuração própria e específica.

1.3. Registo

O registo é regulado nos artigos 51.º e seguintes da Lei da Propriedade Industrial.

A duração do registo é de 20 anos podendo ser sucessiva e indefinidamente renovado. O pedido de renovação do nome e da insígnia do estabelecimento deve ser requerido até seis meses após o termo do prazo de duração, com o pagamento da taxa devido[294].

---

[294] N.º 1 do artigo 60.º da Lei da Propriedade Industrial

Artigo 51.º
(Elementos não registáveis)

Não é permitida a utilização do nome ou insígnia do estabelecimento dos elementos seguintes:

a) Palavras em língua estrangeira, a não ser que o estabelecimento seja propriedade de cidadãos de outras nacionalidades;

b) Caracteres que façam parte de marcas e modelos ou desenhos registados por outrem;

c) Sinais ou indicações cujo uso se tornou genérico na linguagem comercial;

d) Tudo aquilo que se dispõe em matéria de marcas excluídas de protecção.

Artigo 52.º
(Registo e protecção do nome e da insígnia)

1. A propriedade e o uso exclusivo em todo o território nacional e da insígnia do estabelecimento são garantidos pelo seu registo

2. O nome e a insígnia podem, contudo ser usadas independentemente do registo sendo protegidos contra todo o acto ilícito cometido por terceiro.

Artigo 53.º
(Prazo de protecção)

O registo do nome e da insígnia dura pelo prazo de 20 anos e podem ser sucessivamente prorrogáveis

Artigo 54.º
(Inalterabilidade do nome e da insígnia)

O nome e a insígnia do estabelecimento devem durante a vigência do exclusivo manter-se inalteráveis na sua composição e forma.

Artigo 55.º
(Pedido de registo)

1, O pedido de registo deve incluir, para além dos elementos de identificação do requerente:

a) O nome pretendido para o estabelecimento, ou segundo os casos, a descrição resumida da insígnia;

A Propriedade Comercial 139

b) Dados sobre as sucursais ou outras dependências do estabelecimento a que se pretendem aplicar o mesmo nome ou insígnia.

2. Ao requerimento serão juntos:

a) Todos documentos que comprovem a identidade dos documentos e a legalidade da sua existência;

b) Um exemplar da insígnia imprimida ou não do requerimento que solicita o registo, quando, de tal registo se trate.

Artigo 56.º
(Recusa do registo)

O registo do nome e da insígnia será recusado quando violadas quaisquer das proibições constantes na presente lei.

1.4. Transmissão

O nome e a insígnia são elementos integrantes do estabelecimento, por essa razão, na transmissão do registo do nome ou da insígnia devem observar-se as formalidades legais exigidas para a transmissão do estabelecimento de que são acessórios, tal como se determina no artigo 57.º. É pois essa relação de acessoriedade que justifica essa regra segundo o qual os direitos emergentes do registo de nomes ou de insígnias de estabelecimentos só podem transmitir-se, a título gratuito ou oneroso, com o estabelecimento ou parte do estabelecimento que individualizam, e por conseguinte a que estão indissoluvelmente ligados.

Artigo 57.º
(Transmissão do nome e da insígnia)

A propriedade do nome ou da insígnia só pode ser transmitida a título gratuito ou oneroso com o estabelecimento que individualizam.

Artigo 58.º
(Nulidade do registo)

É nulo o registo do nome e da insígnia de estabelecimento quando:

a) For efectuado com infracção das disposições legais ou ofensa de direitos de terceiros;

b) Constituir uma reprodução de imitação de outro já antes registado.

Artigo 60.º
(Renovação do registo de revalidação)

1. O pedido de renovação do nome e da insígnia do estabelecimento deve ser requerido até seis meses após o termo do prazo de duração, com o pagamento da taxa devido.

2. Mediante prova de que justa causa que impediu a renovação do registo dentro do prazo acima estipulado, pode dentro de um ano a contar do termo da sua duração ser requerida a revalidade do registo sem prejuízo de terceiros.

1.5. Extinção do direito

O direito sobre o nome e a insígnia pode extinguir-se pelos modos tradicionais de extinção dos demais direitos de propriedade industrial, ou seja, por nulidade, anulabilidade, caducidade e renúncia. Esta matéria está expressamente regulada nos artigos 58.º e 59.º, que são regras específicas para a extinção do nome e da insígnia e é complementada com o artigo 66.º que é uma regra comum da anulabilidade dos direitos de propriedade industrial.

Artigo 58.º
(Nulidade do registo)

É nulo o registo do nome e da insígnia de estabelecimento quando:

a) For efectuado com infracção das disposições legais ou ofensa de direitos de terceiros;

b) Constituir uma reprodução de imitação de outro já antes registado.

Artigo 59.º
(Caducidade do registo)

O registo do nome e da insígnia caduca:

a) Por falta de uso durante 5 anos consecutivos;

b) Pela renuncia do proprietário expressa em documento e desde que não haja prejuízo para terceiros;

c) Devido ao encerramento e liquidação do estabelecimento respectivo;

d) Por falta de renovação do título;

e) Se sofrerem de modificações na sua composição ou forma não prevista nesta lei.

VIII. INDICAÇÕES DE PROVENIÊNCIA

2. NOÇÃO

Indicações de proveniência é o nome de uma região, de um local determinado ou, em casos excepcionais, de um país, que serve para designar um produto originário dessa zona, cuja qualidade ou características se devem essencial ou exclusivamente ao meio geográfico – aos seus factores naturais (solo, clima) e/ou sócio-económicos (técnicas de produção) – e que é produzido, transformado ou elaborado na área geográfica delimitada. O artigo 61.º abaixo descrito dá-nos a noção da indicação de proveniência.

Artigo 61.º
(Indicação de proveniência noção)

1. Entende-se por indicação de proveniência a expressão ou sinal utilizado para indicar que um produto provem de um dado pais, de uma região ou de um lugar geográfico determinado, notoriamente conhecidos como centros de extracção, produção ou fabricação desses produtos ou mercadorias.

2. Não será considerada indicação de proveniência, para efeitos da presente lei, a utilização de nome geográfico que se houver tornado comum para designar a natureza espécie ou género de produto ou mercadoria.

Do texto do n.º 1 podemos retirar o seguinte: Existem sinais que traduzem as denominações de origem e existem sinais que traduzem as indicações geográficas.

A denominação de origem é o nome de uma região, de um local determinado ou, em casos excepcionais, de um país, que serve para designar um produto originário dessa zona, cuja qualidade ou características se devem essencial ou exclusivamente ao meio geográfico – aos seus factores naturais (solo, clima) e, ou sócio-económicos (técnicas de produção) – e é produzido, transformado ou elaborado na área geográfica delimitada. "Douro", "Alentejo"; "Dão"; "Porto", são exemplos de denominações de origem para vinhos portugueses. São igualmente consideradas denominações de origem, certas denominações tradicionais ou não, que

142 Manual de Direito Comercial Angola

designam produtos originários de uma região ou local determinado, cujas qualidades ou características se devem essencialmente ao meio geográfico e cuja produção, transformação e elaboração ocorrem nas áreas geográficas delimitadas. "Vinho verde"; Queijo da Serra", são clássicos produtos que usam estes sinais distintivos de denominações de origem.

A principal diferença entre denominações de origem e indicações geográficas reside no facto de que as denominações de origem identificam produtos cuja qualidade global ou características se devem essencialmente ao meio geográfico, enquanto as indicações geográficas designam produtos que, podendo embora ser produzidos com idêntica qualidade global noutras zonas geográficas, devem a sua fama ou certas características à área territorial delimitada de que deriva o nome-indicação geográfica. Um produto tradicional angolano de muita fama e que exemplifica a denominação de origem é o saboroso e tradicional queijo da cela, muito conhecido e comercializado desde o tempo colonial e tido como um dos produtos mais representativos daquela região riquíssima em produção de leite e seus derivados.

Pelo exposto se percebe que as denominações de origem e as indicações geográficas, constituindo ambas, espécies de indicações de proveniência, visam distinguir produtos – do mesmo modo que as marcas. Mas aquelas não se confundem com estas. As possibilidades de constituição das marcas são muito mais vastas do que as respeitantes às possibilidades da constituição das indicações de proveniência, que são sempre nominativos e consistem quase sempre em nomes de zonas geográficas; as marcas pertencem a sujeitos determinados, e as indicações de proveniência, sejam denominações de origem ou indicações geográficas são propriedade comum dos fabricantes e dos compradores, como estabelece o artigo 62.º que abaixo se transcreve, interpretação que deve ser conjugada com o que dispõe o 65.º a contrário sensu, que não mencionando este direito de propriedade industrial, – indicações de proveniência – isenta-o do processo de averbamento no órgão competente do Ministério da Industria.

Artigo 62.º

(Direito ao uso)

O direito ao uso da indicação de proveniência pertence não só aos fabricantes e produtores como também aos compradores destes produtos. Comum dos residentes .

Artigo 65.º
(Averbamentos)

1. Ficam sujeitos a averbamento do organismo encarregue da gestão e atribuição dos direitos de propriedade industrial, os actos que impliquem a transmissão da propriedade ou a cessação ou a exploração de uma patente, de um desenho ou modelo, de uma marca, recompensa e nome ou insígnia do estabelecimento, só assim produzindo efeitos em relação a terceiros.

ANEXOS

LEI DA PROPRIEDADE INDUSTRIAL
Lei n.º 3/92 de 28 de Fevereiro

LEI N.º 3/92 DE 28 DE FEVEREIRO

A instituição de um regime jurídico e administrativo de defesa da propriedade industrial assume-se nos dias de hoje como uma das premissas necessárias ao desenvolvimento económico e social dos povos.

Numa altura em que se operam profundas transformações na economia do país, torna-se oportuno definir o quadro legislativo aplicável à propriedade industrial, instrumento susceptível de estimular a inovação e a actividade inventiva nacionais, encorajar o investimento, promover a expansão do comércio e a ampla difusão da tecnologia.

Neste quadro aparecem como elementos importantes do sistema de propriedade industrial a protecção das invenções e dos desenhos e modelos industriais, bem como a protecção e regulamentação das marcas, recompensas, nomes e insígnias do estabelecimento, indicações de proveniência e a eficaz repressão da concorrência desleal.

Porém esta protecção deve ser compensada por obrigações correspondentes, particularmente no que tange a uma exploração industrial apropriada de invenções patenteadas.

A par disso, a defesa dos direitos industriais deverá contribuir para o desenvolvimento da cooperação intergovernamental, fundamentalmente nos domínios da investigação do exame e análise de documentação sobre patentes Nestes termos ao abrigo da alínea *b*) o artigo 51.º da lei constitucional e no uso da faculdade que me é conferida pela alínea *q*) do artigo 47.º da mesma Lei, a assembleia do Povo e eu assino e faço publicar a seguinte:

LEI DA PROPRIEDADE INDUSTRIAL

CAPÍTULO I

Disposições gerais

Artigo 1.º

(Objecto e âmbito)

1. A presente lei visa a protecção da propriedade industrial que abarca não só a indústria e o comércio propriamente dito, mas também as indústrias agrícolas e extractivas, bem como todos os produtos naturais ou fabricados.

2. A protecção da propriedade industrial, tem por objecto as patentes de invenção, os modelos de utilidade, os modelos e desenhos industriais, as marcas de fabrico, de comércio e de serviços, as recompensas, o nome e insígnia do estabelecimento e as indicações de proveniência, bem como a repressão da concorrência desleal.

CAPÍTULO II

Invenções

Artigo 2.º

(Patente)

1. Para efeitos da presente lei entende-se por patente o título jurídico concedido para proteger uma invenção e que confere ao seu titular o direito exclusivo de a explorar.

2. Por invenção entende-se a ideia de um inventor que permite, na prática, a solução de um problema específico no domínio da tecnologia, quer seja referente a um produto, quer a um processo.

Artigo 3.º

(Invenções patenteáveis)

1. Uma invenção é patenteável se for nova, se implicar uma actividade inventiva e se for susceptível de aplicação industrial.

2. É reputada nova, a invenção que não esteja compreendida no estado da técnica.

3. O estado da técnica compreende tudo o que foi tornado acessível ao público dentro ou fora do país antes da data de depósito, ou da prioridade do pedido de patente por meio de descrição oral ou escrita ou qualquer outro meio considerado idóneo para o efeito.

4. Para os fins referidos número anterior, a uma divulgação ao público não é tida em consideração se tiver ocorrido durante os seis meses que precederam à data de depósito ou, se for caso disso, das prioridade do pedido de patente e se ela consultar directa ou indirectamente de actos cometidos pelo depositante ou seu antecessor legítimo.

5. Uma invenção é considerada como implicando uma actividade inventiva se para uma pessoa normalmente competente, ela não resulta de forma evidente do estado da técnica.

7. Uma invenção é susceptível de aplicação industrial quando o seu objecto poder ser utilizado em todo o género de indústria incluindo a agricultura, pesca e o artesanato.

ARTIGO 4.º

(Invenções não patenteadas)

Não podem ser patenteáveis:

a) As descobertas cuja utilização seja contrária à ordem pública e aos bons costumes, bem como à saúde e a segurança públicas;

b) As concepções destituídas de realidade prática ou insusceptíveis de serem industrializadas por meios mecano-fisícos ou químicos, bem como princípios científicos e descobertas.

ARTIGO 5.º

(Pedido de patente)

1. O pedido de patente de invenção deve ser feito em requerimento redigido em língua portuguesa, que contenha:

a) O nome, firma ou denominação social do titular do invento;

b) A nacionalidade e outras informações relativas ao depositante, ao inventor e se for caso disso ao mandatário;

c) O título que simboliza o objecto da invenção;

d) As reivindicações se que é considerado novo pelo inventor;

e) A cópia do pedido de patente ou de outro título de protecção que tenha depositado noutro país e que diga respeito à mesma invenção;

f) A descrição clara e completa do objecto do invento de forma a que este possa ser executado por uma pessoa normalmente competente na matéria;

g) Os desenhos quando necessários à compreensão da invenção e referentes à descrição ou às reivindicações;

h) Resumo destinado essencialmente para fins de informação técnica.

2. O pedido deve referir-se a uma única invenção ou a um grupo de invenções relacionadas de forma tal que constituam um único conceito inventivo.

3. Se o depositante não for o inventor, o requerimento será acompanhado de uma procuração devidamente reconhecida a favor de quem requerer a patente.

ARTIGO 6.º

(Duração da patente)

1. A patente de invenção vigorará pelo prazo de 15 anos, contados a partir da data de depósito, desde que observadas as prescrições legais.

2. Findo este prazo o objecto da patente cairá no domínio do público.

ARTIGO 7.º

(Alterações na invenção)

1. Durante o tempo em que vigorar a patente podem ser introduzidas alterações na invenção, pelo seu titular ou herdeiros, que serão tituladas por simples certificados de alteração, que confere os mesmos direitos da patente inicial pelo tempo que esta durar.

2. Os pedidos de alteração serão processados nos termos previstos para a patente principal.

ARTIGO 8.º

(Transmissão da patente de invenção)

1. A propriedade da patente de invenção pode ser transmitida por acto inter-vivos, mediante escritura, ou em virtude de sucessão legítima ou testamentária.

2. A patente de invenção pode ser transmitida total ou parcialmente por todo o tempo da sua duração ou por período inferior e ser utilizada em toda a parte ou em determinados lugares.

ARTIGO 9.º

(Licença de exploração)

1. O titular de uma patente ou seu usufrutuário poderá conceder licença para a sua exploração por meio de contrato, que definirá as condições dessa exploração.

2. Salvo acordo em contrário, os direitos obtidos por meio de licença de exploração não poderão ser alienados sem autorização do titular da patente ou do seu usufrutuário.

ARTIGO 10.º

(Privação da patente)

Quando o interesse público, em particular a segurança nacional, a saúde ou o desenvolvimento de sectores vitais da economia nacional o exigirem, o conselho de Ministros poderá decidir a exploração da invenção por organismo estatal, ou por terceiro designado pelo Ministro de tutela respectivo sem a concordância do titular da patente, mediante o pagamento, de justa indemnização.

ARTIGO 11.º

(Licença Obrigatória de exploração do Invento)

1.Salvo motivo de força maior comprovado, o titular da patente que não haja iniciado no pais a exploração da invenção dentro dos 3 anos, após a sua concessão ou que a tenha interrompido por tempo superior a um ano ficará obrigado a conceder licença de exploração a terceiro que o solicite.

2. Por motivo de interesse publico, poderá também ser concedido a um terceiro licença obrigatória, não exclusiva para exploração de invento em desuso ou cuja exploração efectiva não atenda ás necessidades do mercado.

3. Não será considerada exploração de modo efectivo a invenção industrializada, que for substituída por importação, salvo no caso de acordos em que o país seja parte.

154 *Manual de Direito Comercial Angolano*

4. Após apresentação do pedido de licença obrigatória, o titular da patente será notificado no prazo de 90 dias para apresentar contestação, que permitirá agir se for caso disso, administrativa ou judicialmente em defesa da sua invenção.

5. O beneficiário de uma licença obrigatória deverá iniciar no pais a exploração efectiva da invenção dentro do prazo de 12 meses após a sua concessão, não podendo interrompê-la por mais de 1 ano 6. O titular da patente tem o direito de exigir uma remuneração equitativa. Bem como a fiscalizar a exploração da invenção que envolve, dentre outras, a fabricação, venda e utilização do objecto da invenção.

ARTIGO 12.º

(Invenção ocorrida durante a vigência do contrato do trabalho)

1. Pertencerão exclusivamente à entidade empregadora as invenções, bem como os aperfeiçoamentos realizados durante a vigência do contrato de trabalho destinado a investigação no país, em que a actividade inventiva esteja prevista ou resulte da própria natureza do trabalho prestado.

2. As invenções ocorridas na vigência do contrato de trabalho serão obrigatoriamente patenteadas no país e esta circunstância, bem como o nome do inventor constarão do pedido de patente.

3. A titularidade da invenção pertencerá exclusivamente ao trabalhador quando este utilize recursos, equipamentos ou quaisquer outros meios materiais próprios.

4. Quando haja contribuições iguais na realização da invenção entre a entidade empregadora e o trabalhador, a propriedade da invenção será comum, cabendo à empresa o direito de exploração e ao trabalhador a remuneração que for fixada, salvo estipulação em contrário das partes.

5. A patente de invenção comum deverá ser explorada pelo empregador dentro de um ano após a sua concessão, sob pena de passar à exclusiva propriedade do trabalhador

ARTIGO 13.º

(Nulidade da patente)

É nula a patente quando:

f) O seu objecto não satisfaz as condições previstas no artigo 3.º;

g) Se constate que o seu objecto não era patenteável nos termos do artigo 4.º;

h) Concedida contrariando direitos de terceiros;

i) Se constante que o titulo não corresponde ao seu verdadeiro objecto;

j) No seu processamento tiver sido omitida qualquer das formalidades legais prevista nesta lei.

Artigo 14.º

(Caducidade da patente)

1. A patente caduca:

f) Pela expiração do prazo de protecção legal;

g) Pela renúncia do respectivo titular ou seus sucessores;

h) Quando não tenha sido iniciada a sua exploração no país de forma efectiva e regular, dentro de 4 anos após a concessão a patente;

i) Quando a sua exploração for interrompida por mais de 2 anos, salvo motivo de força maior comprovado;

j) Por falta de pagamento de taxas, salvo quando proprietário da patente requeira a sua revalidação no prazo de 6 meses contados da data em que deveria efectuar o pagamento da taxa.

2. Para efeitos da alínea c) do presente artigo è considerada como exploração regular e efectiva da patente quer a exploração seja feita pelo seu titular, bem como por terceiro através da concessão de licença.

CAPÍTULO III

Modelos de utilidade e desenhos e modelos industriais

Artigo 15.º

(Noção de modelos de utilidade)

1. Considera-se modelo de utilidade toda a disposição ou forma nova obtida ou introduzida em objectos como ferramentas, instrumentos de trabalho ou utensílios que melhorem ou aumentem as suas condições de aproveitamento e utilidade.

2. A protecção é concedida exclusivamente à forma específica e nova, que torne possível o aumento e melhoria da utilidade e aproveitamento dos objectos a que se destina.

Artigo 16.º

(Noção de modelo e desenho industrial)

1. É tido como modelo industrial toda a forma plástica, associada ou não a linha ou cores que posam servir de tipo na fabricação de um produto industrial ou artesanal.

2. Desenho industrial considera-se toda a disposição ou conjunto novo de linhas ou cores que, com fim industrial ou comercial possa ser aplicado na ornamentação de um produto por qualquer processo manual, mecânico, químico, simples ou combinado.

Artigo 17.º

(Modelos e desenhos protegidos)

Só podem ser registados os modelos ou desenhos industriais novos e os que, mesmo compostos de elementos conhecidos realizem combinações originais que emprestem aos respectivos objectos um aspecto geral com características próprias.

Artigo 18.º

(Modelos de utilidade e modelos ou desenhos industriais não protegidos)

Não são protegidos como modelo de utilidade e modelos ou desenhos industriais:

a) Os que pela sua descrição e reivindicação forem considerados como invenções nos termos do presente diploma legal;

b) As obras de escritura, gravura, pintura, arquitectura, fotografia, esmalte ou bordado e quaisquer outros modelos ou desenhos com carácter puramente artístico;

c) Os desenhos e modelos contrários à ordem pública e aos bons costumes;

d) Os que se encontrem em condições similares às previstas no artigo 4.º.

Artigo 19.º
(Novidade do desenho ou modelo)

8. Um desenho ou um modelo é novo se não tiver sido divulgado por meio idóneo no país ou no estrangeiro de forma que possa ser explorado por alguém da especialidade.

9. Não se considera novo o desenho que já tenha sido objecto de depósito, embora nulo ou caduco, dentro ou fora do país e o que tenha sido utilizado de modo notório ou por qualquer forma tenha caído no domínio do público.

Artigo 20.º
(Direitos conferidos pelo registo do modelo ou desenho)

O depósito do modelo ou desenho confere o direito ao seu uso exclusivo em todo território nacional, por meio do fabrico, venda ou exploração do objecto em que o desenho ou modelo de aplique.

Artigo 21.º
(Duração)

1. O registo de um desenho ou modelo terá duração de cinco anos contados a partir da data do depósito do pedido do registo.

2. O registo pode ser renovado para 2 novos períodos consecutivos de cinco anos mediante o pagamento da taxa prescrita

Artigo 22.º
(Inalterabilidade dos modelos e desenhos)

1. Sob pena de caducidade deverão os modelos e desenhos manter-se inalteráveis, enquanto durar o depósito.

2. Qualquer alteração dos seus elementos iniciais implicará sempre novo depósito, excepto quando as modificações resultarem da ampliação ou redução, das diferenças de cor ou de material do desenho ou modelo feitos pelo seu titular.

Artigo 23.º

(Pedido de depósito)

1. O pedido de depósito de um desenho ou modelo deve ser feito em requerimento com as indicações seguintes:

a) Elementos de identificação do requerente;

b) Exemplar do objecto ou uma representação gráfica do desenho ou modelo;

c) Novidade e utilidade que é atribuída aos modelos de utilidade ou simplesmente a novidade caso se trate de desenho ou modelo industrial;

d) Indicação do tipo ou dos tipos de produtos para os quais o desenho ou modelo deve ser utilizado.

2. Um mesmo requerimento só pode referir-se á um único depósito

Artigo 24.º

(Aceitação do depósito)

Caso se constate que o pedido de depósito satisfaz as exigências previstas nesta lei, será remetido ao depositante um certificado de registo

Artigo 25.º

(Licença para exploração)

4. A exploração total ou parcial de desenho ou modelo industrial só poderá ter lugar mediante licença do seu titular, sem prejuízo do direito de propriedade deste último.

5. O direito obtido pela licença de exploração não pode ser alienado sem autorização expressa do titular do depósito salvo estipulação em contrário.

Artigo 26.º

(Titularidade dos desenhos e modelos na vigência do contrato do trabalhos)

Para modelos e desenhos criados na vigência do contrato de trabalho serão aplicadas com as devidas adaptações as disposições constantes no artigo 12.º.

Lei da Propriedade Industrial 159

Artigo 27.º

(Nulidade dos modelos e desenhos)

Os títulos de depósitos de modelos e desenhos são nulos:

a) Quando se reconheça não estarem reunidos os requisitos previstos no artigo 17;

b) Quando se constante que o modelo ou desenho deveria ser considerado como invenção;

c) Quando tiver sido concedido em violação de direitos de terceiros;

d) Quando na sua atribuição tiver sido omitida qualquer das providências legais.

Artigo 28.º

(Caducidade do modelo ou desenho)

O depósito de desenho ou modelo caduca:

b) Pela falta de exploração durante um ano;

c) Pelas restantes razões apontadas no artigo 14.º

CAPÍTULO IV

Marcas

Artigo 29.º

(Direito sobre a marca. Classificação)

1. Todo aquele que adoptar uma marca para distinguir os produtos da sua actividade económica, gozará da propriedade e do exclusivo dela desde que registada de conformidade com o estipulado nesta lei.

2. Para efeito do presente diploma legal as marcas podem classificar-se em industriais, comerciais e de serviços.

Artigo 30.º

(Direitos ao uso da marca. Marca colectiva)

5. O direito de usar marcas cabe:

a) Aos industriais para assinalar os produtos do seu fabrico;

b) Aos comerciantes para assinalar os artigos ou mercadorias do seu comercio;

c) Aos agricultores e produtores para assinalar os produtos da agricultura, da pecuária e ainda de qualquer exploração agrícola, zootécnica, florestal ou extractiva;

d) Aos artesãos para assinalar os produtos da sua arte ou profissão;

e) Aos grupos empresariais representativos de uma actividade económica;

f) Aos profissionais autónomos, entidades ou empresas para distinguir os seus serviços ou actividades.

6. Para efeitos do disposto na alínea e) a marca entendida aqui como colectiva, destina-se a ser usada por aqueles a quem o respectivo estatuto ou diploma orgânico confira esse direito.

7. Por marca colectiva entende-se a que è utilizada por um grupo económico para distinguir os produtos fabricados ou vendidos ou serviços prestados por cada um dos elementos do grupo.

ARTIGO 31.º

(Constituição da marca)

3. A marca pode ser constituída por sinais ou conjunto de sinais visíveis, nominativos, figurativos ou problemáticos, que permitam distinguir os produtos ou serviços de uma empresa de outros idênticos ou semelhantes.

4. Podem ser consideradas como marcas de fabrica, comercio ou de serviço, entre outros os nomes patronímicos, os nomes geográficos, as denominações arbitrárias ou de fantasia, monogramas, emblemas, figuras, algarismos, etiquetas, combinações ou disposições de cores, desenhos, fotografias, selos e, de uma forma geral, todos os sinais materiais que sirvam para diferenciar os produtos ou serviços de qualquer empresa.

ARTIGO 32.º

(Da marca estrangeira)

A marca requerida por pessoa domiciliada no estrangeiro poderá ser registada como nacional nos termos e para efeitos desta lei desde que o seu proprietário promove que esta está relacionada com a sua actividade comercial industrial, ou profissional efectiva licitamente exercida no país de origem.

Artigo 33.º

(Pedido de registo)

1. O pedido de registo de uma marca deve ser formulado em requerimento, redigido em língua portuguesa, onde se indique:

a) O nome, firma ou denominação social do titular da marca, sua nacionalidade, profissão e domicílio ou local em que encontra estabelecido;

b) Os produtos ou serviços a que a marca se destina;

c) O número do registo, de eventual recompensa figurado ou referido na marca;

d) O país em que se tenha requerido o primeiro pedido do registo da marca e a respectiva data;

e) No caso de marca colectiva, disposições legais ou estatutárias que estabeleçam o seu regime e utilização.

2. O requerimento deve ser acompanhado do seguinte:

a) Uma reprodução da marca que se pretende registar;

b) Autorização do titular da mesma marca estrangeira de que o requerente seja representante em Angola;

c) Autorização da pessoa estranha ao requerente cujo nome, afirma, insígnia ou retrato figure na marca

Artigo 34.º

(Registo De Série De Marca)

Num só registo será permitido incluir uma série de marcas da mesma empresa ou estabelecimento, iguais ou que se diferenciem entre si, independentemente da indicação de produtos, de preços e da qualidade.

Artigo 35.º

(Marcas excluídas de protecção)

Em virtude da presente lei será recusado o registo das marcas que contrariem o disposto no artigo 31.º ou que em todos ou alguns dos seus elementos contenham:

a) Falsas indicações ou susceptibilidades de induzir o público em erro quanto à natureza, características ou utilidades dos produtos ou serviços que a marca utiliza;

b) Falsas indicações sobre a origem geográfica fábrica, propriedade, oficina ou estabelecimento;

d) Símbolos como insígnias bandeiras armas sinetes oficiais adoptados pelo estado, comissariados, organizações internacionais ou quais quer outras entidades públicas nacionais ou estrangeiras sem a respectiva autorização competente;

e) Firma, nome ou insígnia de estabelecimento que não pertençam ao requerente da marca ou que o mesmo esteja autorizado a usar;

f) Reprodução, ou imitação total ou parcial de marca já antes registada por outrem para os mesmos ou semelhantes produtos e serviços que possam suscitar erro ou confusão no mercado;

g) expressões ou figuras contrárias aos bons costumes ou ofensivas a lei e à ordem pública;

h) Nomes individuais ou retratos sem a devida autorização das pessoas a quem respeitem.

ARTIGO 36.º

(Transmissão da propriedade da marca)

a. A propriedade da marca registada pode ser transmitida a título gratuito ou oneroso

b. Salvo o acordo em comunitário, o trespasse de estabelecimento pressupõe a transmissão da propriedade da marca.

c. A transmissão da propriedade da marca será feita com as formalidades legais exigidas para a transmissão dos bens de que é acessório.

ARTIGO 37.º

(Licenciamento de marca)

3. O titular do registo de uma marca pode, por contrato escrito, conceder licença para explorar em algumas partes ou em todo território nacional para todos ou alguns produtos.

4. Todo o contrato de licença deve prever o controlo eficaz pelo licenciador da qualidade dos produtos ou dos serviços do licenciado em relação aos quais a marca é utilizada, sob a pena da nulidade do contrato.

5. O licenciado salvo disposição em contrario inserida no contrato de licença, gozará de todas as faculdades atribuídas ao titular do registo.

Lei da Propriedade Industrial 163

6. O direito resultante da licença de exploração não pode ser alienado sem autorização escrita e expressa do titular do registo, salvo disposição em contrário estabelecida no contrato de licença.

7. As marcas colectivas não podem ser alienadas salvo disposição especial prevista na lei ou nus estatutos dos organismos seus titulares.

Artigo 38.º

(Duração do registo de renovação)

1. O registo de uma marca terá duração de dez anos, a contar da data do depósito do pedido de registo.

2. O registo pode ser renovado para períodos consecutivos de dez anos mediante o pagamento da taxa escrita, ou até 4 meses após o termo

3. Pode igualmente ser requerida a revalidação do registo a marca, no prazo de 1 ano, após o termo da sua duração e mediante o pagamento das taxas devidas, caso o requerente prove que justa causa o impediu de apresentar o pedido e renovação dentro do prazo legal.

Artigo 39.º

(Caducidade do registo)

O registo da marca caduca:

a) Pela expiração do prazo de protecção legal sem que tenha havido renovação;

b) Por renúncia do proprietário expressa em declaração devidamente autenticada, sem prejuízo de terceiros;

c) Por falta de pagamento de taxas;

d) Pelo não uso da marca durante anos consecutivos, salvo o caso de força maior devidamente justificada;

e) Se a marca sofrer alterações que prejudiquem a sua identidade;

f) Se se verificar concessão de novo registo por efeito de edição ou substituição de produtos.

Artigo 40.º

(Nulidade de registo)

É nulo o registo de marca que contrarie as disposições da presente lei.

CAPÍTULO V

Recompensas

ARTIGO 41.º

(Das recompensas – propriedades)

3. Para efeitos da presente lei entende-se por recompensas os sinais nominativos, figurativos ou emblemáticos concedidos no país ou no estrangeiro a industriais com o prémio de louvor ou referência pelos seus produtos ou serviços.

4. As recompensas serão propriedade de quem as receber e não podem ser aplicadas a produtos ou serviços diferentes daqueles para que foram concedidos.

ARTIGO 42.º

(Efeitos do Registo)

1. Com o registo da recompensa é garantida a veracidade e a autenticidade dos titulares da sua concessão e assegurada aos seus titulares o seu direito de propriedade e uso exclusivo por tempo indefinido.

3. As recompensas não registadas não podem ser adicionadas a qualquer marca, nem ao nome ou insígnia do estabelecimento.

ARTIGO 43.º

(Pedido de registo)

1. Além do nome, firma ou denominação social, nacionalidade, profissão e domicílio do requerente, o pedido do registo da recompensa deve conter as indicações seguintes:

a) Produtos a que a concessão das recompensas tivesse sido atribuídas;

b) Entidades que concedem as recompensas e respectivas datas

2. Ao pedido juntar-se-ão os documentos comprovativos da concessão da recompensa.

Artigo 44.º

(Recusa do registo)

O registo de recompensa será recusado:

a) Quando contrarie as disposições da presente lei;

b) Quando se comprove que a recompensa foi revogada ou não pertence ao requerente;

c) Quando tem havido transmissão da propriedade da recompensa sem a do estabelecimento ou da parte deste que interessar.

Artigo 45.º

(Transmissão da recompensa)

3. A propriedade das recompensas industriais só pode transmitir-se a título oneroso ou gratuito, com todos ou com parte do estabelecimento cujos produtos justificar a sua concessão.

4. Esta transmissão será feita com observância das formalidades legais exigidas para a transmissão dos bens do que são acessórios.

Artigo 46.º

(Nulidade do registo)

É nulo o registo de recompensa concedido com infracção das disposições legais.

Artigo 47.º

(Caducidade do registo)

O registo de recompensa caduca:

a) Pela renúncia do proprietário desde que não haja prejuízo de terceiros;

b) Pela cancelamento ou revogação da recompensa por quem tem direito.

CAPÍTULO VI

Nome e insígnia do estabelecimento

Artigo 48.º

(Noção de nome e insígnia)

Para efeito da presente lei entende-se por nome de estabelecimento o sinal emblemático ou figurativo, utilizados para designar ou tornar conhecidos os estabelecimentos onde se exerce uma actividade comercial, industrial ou de serviços.

Artigo 49.º

(Constituição do nome do estabelecimento)

Podem servir de nome do estabelecimento:

d) As denominações de fantasia ou outras;

e) O pseudónimo ou alcunha do seu proprietário;

f) O nome do local onde se encontra instalado o estabelecimento desde que acrescido de um elemento distintivo.

Artigo 50.º

(Constituição da insígnia)

A insígnia de um estabelecimento pode ser formada por qualquer sinal externo figurativo ou emblemático, simples ou combinado com outros elementos, como palavras ou divisas, desde que no seu todo apresente uma configuração própria e específica.

Artigo 51.º

(Elementos não registáveis)

Não é permitida a utilização do nome ou insígnia do estabelecimento dos elementos seguintes:

e) Palavras em língua estrangeira, a não ser que o estabelecimento seja propriedade de cidadãos de outras nacionalidades;

f) Caracteres que façam parte de marcas e modelos ou desenhos registados por outrem;

g) Sinais ou indicações cujo uso se tornou genérico na linguagem comercial;

h) Tudo aquilo que se dispõe em matéria de marcas excluídas de protecção.

Artigo 52.º

(Registo e protecção do nome e da insígnia)

1. A propriedade e o uso exclusivo em todo o território nacional e da insígnia do estabelecimento são garantidos pelo seu registo

2. O nome e a insígnia podem, contudo ser usadas independentemente do registo sendo protegidos contra todo o acto ilícito cometido por terceiro.

Artigo 53.º

(Prazo de protecção)

O registo do nome e da insígnia dura pelo prazo de 20 anos e podem ser sucessivamente prorrogáveis

Artigo 54.º

(Inalterabilidade do nome e da insígnia)

O nome e a insígnia do estabelecimento devem durante a vigência do exclusivo manter-se inalteráveis na sua composição e forma.

Artigo 55.º

(Pedido de registo)

3. O pedido de registo deve incluir, para além dos elementos de identificação do requerente:

a) O nome pretendido para o estabelecimento, ou segundo os casos, a descrição resumida da insígnia;

b) Dados sobre as sucursais ou outras dependências do estabelecimento a que se pretendem aplicar o mesmo nome ou insígnia.

4. Ao requerimento serão juntos:

a) Todos documentos que comprovem a identidade dos documentos e a legalidade da sua existência;

b) Um exemplar da insígnia imprimida ou não do requerimento que solicita o registo, quando, de tal registo se trate.

ARTIGO 56.º

(Recusa do registo)

O registo do nome e da insígnia será recusado quando violadas quaisquer das proibições constantes na presente lei.

ARTIGO 57.º

(Transmissão do nome e da insígnia)

A propriedade do nome ou da insígnia só pode ser transmitida a título gratuito ou oneroso com o estabelecimento que individualizam.

ARTIGO 58.º

(Nulidade do registo)

É nulo o registo do nome e da insígnia de estabelecimento quando:

e) For efectuado com infracção das disposições legais ou ofensa de direitos de terceiros;

f) Constituir uma reprodução de imitação de outro já antes registado.

ARTIGO 59.º

(Caducidade do registo)

O registo do nome e da insígnia caduca:

f) Por falta de uso durante 5 anos consecutivos;

g) Pela renuncia do proprietário expressa em documento e desde que não haja prejuízo para terceiros;

h) Devido ao encerramento e liquidação do estabelecimento respectivo;

i) d) Por falta de renovação do título;
j) Se sofrerem de modificações na sua composição ou forma não prevista nesta lei.

Artigo 60.º

(Renovação do registo de revalidação)

3. O pedido de renovação do nome e da insígnia do estabelecimento deve ser requerido até seis meses após o termo do prazo de duração, com o pagamento da taxa devido.

4. Mediante prova de que justa causa impediu a renovação do registo dentro do prazo acima estipulado, pode dentro de um ano a contar do termo da sua duração ser requerida a revalidade do registo sem prejuízo de terceiros.

CAPÍTULO VII

Indicações de proveniência

Artigo 61.º

(Indicação de proveniência noção)

3. Entende-se por indicação de proveniência a expressão ou sinal utilizado para indicar que um produto provem de um dado pais, de uma região ou de um lugar geográfico determinado, notoriamente conhecidos como centros de extracção, produção ou fabricação desses produtos ou mercadorias.

4. Não será considerada indicação de proveniência, para efeitos da presente lei, a utilização de nome geográfico que se houver tornado comum para designar a natureza espécie ou género de produto ou mercadoria.

Artigo 62.º

(Direito ao uso)

O direito ao uso da indicação de proveniência pertence não só aos fabricantes e produtores como também aos compradores destes produtos.

CAPÍTULO VIII

Disposições comuns

ARTIGO 63.º

(Taxas)

Os actos previstos no presente diploma legal como sejam a concessão de patentes, de depósito de desenhos modelos, registos, registos de marca, recompensas, nome e insígnia de estabelecimento, bem como a sua renovação ou revalidação, estão sujeitos ao pagamento de taxas.

ARTIGO 64.º

(Direito de prioridades)

Todo o pedido de concessão de uma patente, depósito de um desenho ou modelo e de um registo de uma marca poderá conter uma declaração reivindicando a prioridade relativamente a um pedido anterior.

ARTIGO 65.º

(Averbamentos)

2. Ficam sujeitos a averbamento do organismo encarregue da gestão e atribuição dos direitos de propriedade industrial, os actos que impliquem a transmissão da propriedade ou a cessação ou a exploração de uma patente, de um desenho ou modelo, de uma marca, recompensa e nome ou insígnia do estabelecimento, só assim produzindo efeitos em relação a terceiros.

3. O averbamento pode ser requerido por qualquer dos interessados.

ARTIGO 66.º

(Acto judicial de anulação)

3. A nulidade de uma patente, do depósito de modelo ou desenho, o registo de uma marca, recompensa ou insígnia de estabelecimento só pode resultar de sentença judicial, que deverá ser registada no organismo responsável pela gestão dos direitos de propriedade industrial.

4. As acções competentes podem ser intentadas pelas pessoas com interesse directo na anulação ou por iniciativa do Ministério Publico.

Artigo 67.º

(Mandatário)

Quando um depositante tenha a sua residência habitual ou o seu lugar principal de actividade fora do país ou local onde se encontra sedeado o organismo de gestão da propriedade industrial, deverá ser representado por mandatário junto do referido organismo.

CAPÍTULO IX

Infracções dos direitos de propriedade industrial

Artigo 68.º

(Violação de direitos conferidos pela patente)

1. É passível de acção penal todo aquele que:

a) Fabricar sem autorização do titular da patente os bens ou produtos compreendidos no seu objecto;

b) Utilizar os meios ou processos que são objectos de patente sem a devida autorização;

c) Importar, vender, expor, à venda ou ocultar, com o fim de ser vendido, produto fabricado com a violação da patente de invenção.

2. Aquele que incorrer nas infracções do n.º 1será punido com pena de prisão até 6 meses e multa de NKz 20.000.00 a NKz 100.000.00.

Artigo 69.º

(Violação de direito assegurado pelo depósito de desenho ou modelo)

Será punido com multa de NKz 20.000.00 a NKz 10.000.00,todo aquele que praticar algumas das infracções seguintes:

a) A exploração, fabricação e produção de modelos de utilidade depositado, sem licença do seu titular;

b) A importação, venda, colocação à venda, ocultação para venda de produtos obtidos com violação de modelo de utilidade depositado;

c) Reprodução total ou parcial ou exploração de desenho ou modelo industrial sem autorização do seu proprietário;

d) A importação, venda, colocação à venda e ocultação, com fins de venda, de objectos que sejam cópia ou imitação de desenho ou modelo industrial privilegiado;

e) A exploração fraudulenta de modelo ou desenho depositado mas pertencente a outrem.

ARTIGO 70.º

(Uso ilegal de marca)

Serão punidos com a multa até NKz 50.000.00,que poderá ser agravada com prisão até 3meses, aqueles que:

a) Por qualquer meio imitarem ou produzirem total ou parcialmente marca protegida, sem autorização do seu titular;

b) Utilizarem marca contrafeita ou imitada;

c) Usarem fraudulentamente marca colectiva em condições e diferente das previstas no respectivo estatuto;

d) Utilizarem marca com falsa indicação obre a proveniência dos produtos e venderem ou colocarem à venda produtos com ela assinalados;

e) Usarem marca nas condições descritas para as marcas excluídas de protecção.

ARTIGO 71.º

(Violação de matéria sobre recompensa)

Será punido com multa até NKz 30.000.00:

a) A referência como própria de recompensa registada em nome de outrem;

b) A utilização fraudulenta de recompensas não atribuída ou que nunca existiu.

ARTIGO 72.º

(Violação de direito relativos ao nome e insígnia do estabelecimento)

Será punido com a multa de NKz 50.000.00:

a) O uso indevido de nome e insígnia de estabelecimento alheios;

b) A utilização, no estabelecimento, correspondência, em anúncio e outros de nome ou insígnia que constituíam reprodução de outros registos ou não.

Artigo 73.º
(Dos actos de concorrência desleal)

1. É considerado ilícito, todos os actos de concorrência contrários às práticas e uso honesto em qualquer ramo da actividade económica e designadamente:

a) O emprego de meios fraudulentos para desviar, em benefício próprio ou alheios, a clientela de outrem;

b) A divulgação, utilização ou apropriação indevida dos segredos de indústria ou comercio de outrem;

c) As falsas indicações sobre a proveniência, natureza e qualidade dos produtos e serviços;

d) A produção, fabricação, importação, armazenamento ou venda de mercadorias com falsa indicação de proveniência;

e) Falsas afirmações e todos os outros actos susceptíveis de desacreditar o estabelecimento, produtos, serviços e reputação dos concorrentes ou realizadas com o intuito de beneficiar do crédito de um nome, marca ou estabelecimento alheios, qualquer que seja o meio empregue.

2. Aquele que praticar actos previstos neste artigo será punido com a multa NKz 20.000 00 a Nkz 100.000.00, se pena mais grave lhe não couber por aplicação das disposições do artigo penal e da lei o 9/89, (Lei dos Crimes contra a Economia).

CAPÍTULO X
Disposições finais e transitórias

Artigo 74.º
(Gestão dos direitos)

1. A gestão e defesa dos direitos previstos na presente lei serão confiadas aos órgãos que sob tutela do Ministério da indústria estará encarregue da atribuição, registo e protecção dos direitos de propriedade industrial.

2. O órgão acima referido obriga-se a publicar periodicamente um boletim onde fará constar:

a) As reproduções das marcas registadas;
b) Os nomes dos titulares das patentes concedidas com breve discrição das invenções privilegiadas;
c) Descrição sumária dos de mais actos previstos neste diploma.

ARTIGO 75.º

(Registo de Marcas em vigor)

Os proprietários de marca em uso aprovado no país deverão no prazo de 90 dias, após a entrada em vigor do presente diploma requer o seu registo dentro do órgão competente do Ministério da indústria.

ARTIGO 76.º

(O uso de tecnologias patenteadas)

Em igual período de tempo deverão os observadores de tecnologias patenteadas, mesmo caídas no domínio público depositar junto do órgão acima referido cópia do contrato de licença que autoriza a exploração da referida tecnologia.

ARTIGO 77.º

(Aplicação das Convenções Internacionais)

As disposições das convenções internacionais relativas à propriedade intelectual e á propriedade industrial, em particular de que o país seja a parte contratante serão aplicáveis, em caso de divergência, cumulativamente e com as disposições da presente lei

ARTIGO 78.º

(Resolução das dúvidas)

As dúvidas que se suscitarem na aplicação e interpretação deste diploma seja legal serão resolvidas pelo conselho de ministros.

Artigo 79.º
(Revogação da Legislação)

Fica revogada toda a legislação que contrarie o disposto na presente lei.

Artigo 80.º
(Entrada em vigor)

A presente lei entra em vigor 30 dias após a sua publicação no Diário da República.

LEI DAS ACTIVIDADES COMERCIAIS
Lei n.º 1/07 de 14 de Maio

LEI N.º 1/07 DE 14 DE MAIO

O sector do comércio Constitui um elemento fundamental na criação de uma estrutura económica moderna, devido a sua influência significativa na estruturação territorial e populacional da sociedade, na criação de empresas e empregos.

Em Angola este sector encontra-se polarizado entre o pequeno comércio de carácter tradicional, maioritariamente informal e as grandes superfícies e grupos comerciais, com um número elevado de agentes do comércio não licenciados.

A presente lei vem assim regular e disciplinar o exercício da actividade comercial dos comerciantes e dos que actuam por conta destes, com vista a dar resposta à evolução na estrutura do sector comercial, derivada das inovações sociais e tecnológicas, e sobretudo competitivas, originadas pelo surgimento de grandes superfícies comerciais e de influentes grupos de distribuição directa e indirecta.

Nestes termos, ao abrigo da alínea *b*) do artigo 88.º da Lei Constitucional, a Assembleia Nacional aprova a seguinte:

LEI DAS ACTIVIDADES COMERCIAIS

CAPÍTULO I
Das Disposições Gerais

SECÇÃO I

Do Objecto e Âmbito de Aplicação

Artigo 1.º

(Objecto)

A presente lei tem por objecto estabelecer as regras de acesso e disciplinar o exercício da actividade do comércio e contribuir para o ordenamento e a modernização das infraestruturas comerciais, proteger a livre e leal concorrência entre comerciantes e salvaguardar os direitos dos consumidores estabelecidos por lei.

Artigo 2.º

(Âmbito de aplicação)

A presente lei aplica-se ao exercício das actividades comerciais e serviços realizados no território nacional por comerciantes ou por quem actua por conta destes e visa a promoção, preparação ou cooperação na realização e conclusão de operações comerciais.

Artigo 3.º

(Ordenamento da actividade comercial)

A actividade comercial e de prestação de serviços mercantis está sujeita a ordenamento e procedimentos estabelecidos na presente lei, designadamente:

a) À licenciamento;

b) À organização de cadastro comercial e de prestação de serviços mercantis;

c) Ao regime de horários de funcionamento para os estabelecimentos comerciais e de prestação de serviços mercantis;

Lei das Actividades Comerciais 181

d) Ao regime de actividades promocionais;
e) Ao regime de vendas especiais;
f) À inspecção e fiscalização dos estabelecimentos e das actividades comerciais e de prestação de serviços mercantis.

ARTIGO 4.º

(Definições)

Para efeitos da presente lei e salvo se de outro modo for expressamente indicado no próprio texto, as palavras e expressões nela usadas têm o seguinte significado, sendo certo que as definições no singular se aplicam de igual modo no plural e vice-versa:

1. *Actividade comercial* – actividade realizada profissionalmente por pessoas jurídicas, nacionais ou estrangeiras que possuam capacidade civil, comercial e financeira para praticar actos de comércio, com o objectivo de obter lucro.

2. *Actos de comércio* – são considerados actos de comércio todos aqueles que se achem especialmente regulados na presente lei e demais legislação complementar e além deles, todos os contratos e obrigações dos comerciantes que não forem de natureza exclusivamente civil, se o contrário do próprio acto não resultar.

3. *Agente económico* – toda a pessoa jurídica que exerce actividade comercial e económica, proporcionando a outrem certo resultado do seu trabalho.

4. *Agente de comércio* – toda a pessoa jurídica que, através de um contrato se obriga a promover, por conta e em nome de outrem, a celebração de actos de comércio numa determinada zona, de modo autónomo e estável mediante retribuição.

5. *Cadastro comercial* – ficheiro com informações de identificação e caracterização dos comerciantes e seus estabelecimentos, sua localização, número e qualificação de trabalhadores empregue, superfícies de vendas, actividades económicas e comerciais exercidas e outras informações.

6. *Caixeiro viajante* – é aquele que por meio de catálogos, cartas, avisos, circulares ou quaisquer documentos análogos, realiza operações de comércio em nome próprio ou de outrem em localidade diversa daquela em que tiver o seu domicílio.

7. *Certames comerciais* – são manifestações de carácter comercial que têm por objecto a exposição, difusão e promoção comercial de bens

182   *Manual de Direito Comercial Angolano*

e ou serviços, com vista a facilitar a aproximação entre a oferta e a procura que conduzam à realização de transacções comerciais e potenciem a transparência do mercado.

8. *Concessionário* – é aquele que, mediante um contrato de concessão comercial, comercializa os produtos do concedente, em seu nome e por conta própria, numa determinada área ou círculo de clientes.

9. *Comércio* – é a actividade económica que consiste em comprar bens para os vender no mesmo estado físico, bem como prestar serviços mercantis, em estabelecimentos comerciais e outros lugares permitidos por lei.

10. *Comércio ambulante* – é a actividade comercial a retalho não sedentária, exercida por indivíduos que transportam as mercadorias e as vendem nos locais do seu trânsito, fora dos mercados urbanos ou municipais e em locais fixados pelas administrações municipais.

11. *Comércio electrónico* – forma de comércio à distância, realizada fundamentalmente com recurso a meios informáticos.

12. *Comércio feirante* – é a actividade comercial a retalho exercida de forma não sedentária, em mercados cobertos ou descobertos em locais e instalações não fixas.

13. *Comércio a grosso* – é a actividade comercial que consiste na aquisição de produtos aos importadores e/ou a produtores e na sua venda a grosso, realizada em instalações adequadas à natureza da mercadoria a comercializar, não efectuando venda directa ao público consumidor.

14. *Comércio a grosso em livre serviço* – sistema de comércio a grosso cujo método de venda consiste em expor as mercadorias à disposição dos clientes de forma a serem eles próprios a retirá-las e a levá-las à caixa para efectuar o pagamento.

15. *Comerciante a título precário* – é aquele que exerce a actividade comercial a retalho em estabelecimento comercial de construção não convencional.

16. *Comércio geral* – é a actividade comercial exercida a retalho sem obediência ao princípio da especialização.

17. *Comércio precário* – é a actividade comercial a retalho realizada em estabelecimentos de construção não convencional, nas zonas rurais ou suburbanas.

18. *Comércio de representação* – é a actividade que consiste na realização de actos de comércio mediante mandato, em nome de uma ou mais entidades nacionais ou estrangeiras.

Lei das Actividades Comerciais   183

19. *Comércio a retalho* – é a actividade comercial que consiste na aquisição de produtos de determinado ramo de actividade e posterior venda directa aos consumidores em estabelecimentos apropriados ou em outros lugares permitidos por lei.

20. *Estabelecimento comercial* – é a instalação de carácter fixo e permanente, destinada ao exercício regular de actividade comercial, contínua em dias ou ocasiões determinadas, assim como quaisquer outros recintos que, com a mesma finalidade recebam aquela classificação em virtude de disposições legais ou regulamentares, sempre que tenham o carácter de imóvel nos termos do n.º 1 do artigo 204.º do Código Civil.

21. *Exportação* – é a actividade comercial que consiste na venda e/ou colocação, no estrangeiro, de produtos nacionais ou nacionalizados.

22. *Exportador* – é aquele que vende directamente para o mercado externo produtos de origem nacional ou nacionalizados.

23. *Feirante* – é aquele que exerce actividade comercial a retalho de forma não sedentária em mercados cobertos ou descobertos, em instalações não fixas.

24. *Grossista* – é a pessoa jurídica que adquire junto do produtor ou do importador as mercadorias para as distribuir a outros operadores económicos sem efectuar vendas directas ao público consumidor.

25. *Importação* – é a actividade comercial que consiste na aquisição de produtos no mercado externo destinados ao consumo interno ou a reexportação.

26. *Importador* – é aquele que adquire directamente nos mercados externos produtos destinados ao consumo interno ou para posterior re-exportação.

27. *Loja de conveniência* – É o estabelecimento de venda ao público que reúne, cumulativamente os seguintes requisitos:

a) Área útil igual ou inferior a 100 m2;

b) Horário de funcionamento de pelo menos 18 horas por dia;

c) Oferta de bens e artigos diversos, nomeadamente alimentares de utilidade doméstica, livros, jornais, revistas, discos, vídeos, brinquedos, presentes e outros artigos similares.

28. *Modalidade de promoção de vendas* – é toda a acção comercial que incorpore a oferta de incentivos a curto prazo, para o consumidor de modo a conseguir um acto de compra rápida por parte deste.

29. *Modalidade de vendas* – é a acção realizada entre o vendedor e o comprador na troca de um bem ou serviço por outro em diferentes formas.

184   *Manual de Direito Comercial Angolano*

30. *Operador de prestação de serviços mercantis* – é aquele que exerce e se obriga a proporcionar a outrem certo resultado do seu trabalho intelectual ou manual, mediante retribuição.

31. *Operador multinível* – é aquele que vende os seus produtos ou serviços ao consumidor final através de uma rede de comerciantes ou agentes distribuidores independentes.

32. *Produtor* – é a entidade que produz bens manufacturados, industriais, serviços e faz a distribuição por ocasião, aos grossistas e exportadores, com intuito lucrativo.

33. *Agente comercial* – é a pessoa singular ou colectiva que promove por conta de outrem a celebração de contratos em certa zona ou determinado círculo de clientes de modo autónomo, estável e mediante retribuição.

34. *Retalhista* – é aquele que adquire ao produtor ou ao grossista mercadorias para as vender ao consumidor final.

35. *Serviços mercantis* – é a actividade através da qual uma das partes se obriga a proporcionar a outro certo resultado do seu trabalho intelectual ou manual, mediante retribuição.

36. *Televenda* – é a modalidade de venda realizada através de canais de televisão, com vista ao fornecimento de produtos ou a prestação de serviços mercantis, incluindo bens imóveis, direitos e obrigações, mediante retribuição.

37. *Urbanismo comercial* – é o processo de organização que visa a modernização da actividade comercial, de prestação de serviços mercantis, do espaço público envolvente, integrado em áreas limitadas dos centros urbanos, com características de elevada densidade comercial, centralidade, multifuncionalidade, de desenvolvimento económico, patrimonial e social.

38. *Venda ambulante* – é aquela que se realiza fora de estabelecimento comercial permanente, de forma habitual, ocasional, periódica ou continuada, em perímetros ou locais devidamente autorizados, instalações comerciais desmontáveis ou transportáveis, incluindo roulottes.

39. *Venda automática* – forma de distribuição comercial retalhista na qual se põe à disposição do consumidor o produto ou serviço para que este o adquira através de mecanismo electrónico, com prévio pagamento da sua importância.

40. *Venda à distância* – é aquela que se realiza com recurso a qualquer meio de comunicação, sem necessidade da presença física dos intervenientes.

41. *Venda ao domicílio* – é aquela que consiste na prestação de serviços e ou entrega dos bens adquiridos, no domicílio do consumidor ou potencial comprador pelo vendedor.

42. *Venda em leilão* – consiste em propor, pública e irrevogavelmente dentro do prazo concedido para o efeito, a venda do bem, a favor de quem ofereça melhor oferta, mediante sistema de lances, o preço mais alto a partir de um mínimo inicialmente fixado ou mediante ofertas descendentes efectuadas no decurso do mesmo ano num período de tempo previamente fixado.

43. *Venda em liquidação* – é a venda de bens ou mercadorias com carácter excepcional, acompanhada ou precedida de anúncio público destinado ao escoamento acelerado com redução de preços, da totalidade ou de parte das existências do estabelecimento, resultante da ocorrência de um dos seguintes casos:

a) Cumprimento de uma decisão judicial

b) Cessação, total ou parcial da actividade comercial

c) Mudança de ramo

d) Trespasse ou cessão de exploração do estabelecimento comercial

e) Realização de obras que, pela sua natureza, impliquem a liquidação, total ou parcial das existências

f) Danos nas existências, por motivos de força maior;

g) Ocorrência de entraves importantes à actividade comercial.

44. *Vendas especiais* – são actos de comércio que podem ser, em público, ocasionais, ambulantes, ao domicílio, à distância, fora do estabelecimento comercial ou automáticas.

45. *Venda multinível* – forma especial de comércio em que um fabricante ou comerciante grossista vende os seus produtos ou serviços ao consumidor final através de contratos de distribuição.

46. *Venda ocasional* – é aquela que se realiza por um período inferior a um mês, com ou sem leilão, em estabelecimentos ou locais que não estejam destinados habitualmente à actividade comercial.

47. *Venda de promoção* – é aquela que tem por finalidade dar a conhecer produto ou artigo novo ou aumentar a venda dos existentes, ou ainda desenvolver um ou vários estabelecimentos, mediante a oferta de um artigo ou grupo de artigos homogéneos.

48. *Venda com recompensa* – é aquela que consiste em utilizar concursos, sorteios, ofertas, vales, prémios ou similares, vinculados à oferta, promoção ou venda de determinados artigos.

49. *Venda em saldo* – é aquela que é realizada em estabelecimentos comerciais durante fins de estação, de semana, do mês ou outras ocasiões particulares, com redução de preços, cujo objectivo é escoar rapidamente as existências e renovar stocks de mercadorias.

50. *Vendedor ambulante* – é aquele que exerce a actividade comercial a retalho de forma não sedentária nos locais por onde passa ou em zonas que lhe sejam previamente destinadas pela entidade competente.

SECÇÃO II

Dos Comerciantes

ARTIGO 5.º

(Classificação dos comerciantes)

1. Os comerciantes são classificados em função da actividade que exercem.

2. Os comerciantes classificam-se em operadores de:

a) Comércio a grosso;

b) Comércio a retalho;

c) Comércio de representação;

d) Prestação de serviços mercantis.

3. O comércio a grosso é exercido pelos seguintes agentes económicos:

a) Produtor;

b) Exportador;

c) Importador;

d) Grossista.

4. O comércio retalho é exercido pelos seguintes comerciantes:

a) Retalhista

b) Comerciante a título precário

c) Vendedor ambulante

d) Feirante.

5. Podem exercer o comércio de representação:

a) Representante comercial

b) Agente comercial.

6. Podem exercer prestação de serviços mercantis:

a) Concessionário
b) Operador de prestação de serviços mercantis
e) Operador multinível;
c) Caixeiro-viajante.

ARTIGO 6.º

(Formação dos comerciantes)

No âmbito da modernização do comércio, os comerciantes devem privilegiar a formação técnicoprofissional que os habilite ao exercício do comércio, de acordo com a evolução das técnicas comerciais.

SECÇÃO III
Da Rede Comercial e de Prestação de Serviços Mercantis

ARTIGO 7.º

(Classificação da rede comercial)

Rede comercial e de prestação de serviços mercantis é o conjunto de infra-estruturas Classificadas de acordo com as suas dimensões e especialidade em:

a) Grandes superfícies comerciais
b) Médias superfícies comerciais
c) Pequenas superfícies comerciais.

ARTIGO 8.º

(Grande superfície comercial)

É considerada grande superfície comercial, o estabelecimento comercial de venda a retalho ou a grosso, que disponha de uma área de exposição e venda contínua superior a 2000 m2 ou o conjunto de estabelecimentos de comércio a retalho ou a grosso que, não disponha daquela área contínua, mas integre no mesmo espaço uma área de venda superior a 3000 m2.

Artigo 9.º

(Média superfície comercial)

É considerada média superfície comercial, aquela que, sendo individual ou colectiva e dedicada ao comércio a retalho em regime de autoserviço, disponha de uma superfície de exposição e venda ao público igual ou superior a 200 m2 e inferior a 2000 m2.

Artigo 10.º

(Pequena superfície comercial)

É considerada pequena superfície comercial:

a) Aquela que disponha de auto serviço e seja individual ou colectiva e dedicada ao comércio a retalho e disponha de uma superfície de exposição e venda ao público igual ou superior a 100 m2 e inferior a 200 m2;

b) Aquela que não disponha de auto serviço e que funciona nos moldes do comércio tradicional;

c) Individual ou colectiva, dedicada ao comércio a retalho e disponha de uma superfície de exposição e venda ao público inferior a 100 m2.

SECÇÃO IV

Da Classificação das Actividades Comerciais

Artigo 11.º

(Actividades comerciais)

São havidas como actividades comerciais as seguintes:

a) Comércio a grosso;

b) Comércio a retalho;

d) Comércio geral;

e) Comércio precário;

f) Comércio feirante;

g) Comércio ambulante;

h) Comércio de representação;

i) Prestação de serviços mercantis;
j) Importação;
k) Exportação.

SECÇÃO V

Das Modalidades e Vendas Especiais

ARTIGO 12.º

(Modalidades de promoção de vendas)

São havidas como modalidades de promoção de vendas as seguintes:

a) Venda multinível;
b) Venda em saldo;
c) Venda com recompensa;
d) Venda em liquidação.

ARTIGO 13.º

(Modalidades de vendas)

São havidas como modalidades de vendas as seguintes:

a) Comércio por grosso em livre serviço;
b) Loja de conveniência;
e) Comércio electrónico;
c) Televenda;
d) Certames comerciais.

ARTIGO 14.º

(Vendas especiais)

São havidas como vendas especiais as seguintes:

a) Venda domiciliária;
b) Venda à distância;
c) Venda ocasional;
d) Venda de promoção;
e) Venda ambulante;
f) Venda em leilão.

CAPÍTULO II

Das Condições de Exercício da Actividade Comercial

SECÇÃO I
Licenciamento da Actividade Comercial

ARTIGO 15.º
(Acesso à actividade comercial interna)

1. Ao abrigo da presente lei, pode exercer actividade comercial, toda a pessoa singular ou colectiva, nacional ou estrangeira, que for civilmente capaz, tiver capacidade financeira e comercial e detiver estabelecimento comercial na qualidade de proprietário ou arrendatário, salvo as excepções previstas na presente lei.

2. Para além do preenchimento dos requisitos exigidos no número anterior, as pessoas singulares ou colectivas estrangeiras com permanência e residência legal no País devem observar o seguinte:

a) Deter estabelecimento de média e/ou grande superfície comercial

b) Priorizar nos seus serviços mão-de-obra nacional.

ARTIGO 16.º
(Competência para o licenciamento)

1. O Ministério do Comércio é o órgão competente para licenciar:

a) Supermercados

b) Centros comerciais

c) Hipermercados

d) Comércio grossista

e) Prestação de serviços mercantis de dimensão relevante;

f) Importação

g) Exportação

h) Comércio de representação.

2. Os governos provinciais são órgãos competentes para licenciar:

a) Comércio geral

b) Comércio precário

c) Prestação de serviços mercantis;

d) Minimercados.

Lei das Actividades Comerciais 191

3. As administrações municipais são órgãos competentes para licenciar:

a) Comércio feirante
b) Comércio ambulante
c) Vendedores de mercados municipais urbanos, suburbanos e rurais.

4. A alteração de actividade, mudança de localização e encerramento definitivo do estabelecimento destinado ao exercício de actividade comercial e de prestação de serviços mercantis, carece de autorização ou conhecimento prévio do órgão licenciador da actividade comercial, nos termos da presente lei.

5. Na concessão do alvará comercial deve ter-se em conta a especialização nas zonas urbanas em conformidade com a classificação das actividades económicas, das classes e subclasses de mercadorias, que constam da legislação em vigor.

6. O alvará comercial e outros documentos que habilitam a pessoa singular ou colectiva ao exercício da actividade comercial, nos termos em que os pedidos tiverem sido autorizados, não pode ser substituído, nem modificado sem autorização ou conhecimento prévio da entidade licenciadora.

Artigo 17.º

(Estabelecimentos comerciais)

Os requisitos necessários para a instalação e construção de infraestruturas comerciais, bem como as condições de exercício das actividades comerciais e modalidades de vendas admitidas e previstas na presente lei, são estabelecidos em diploma próprio pelo Governo.

Artigo 18.º

(Comércio a grosso)

1. O comércio a grosso deve ser realizado em estabelecimentos comerciais adequados à natureza dos bens a comercializar, bem como as características, dimensões e condições seguintes:

a) Construção definitiva, em área devidamente delimitada, coberta e fechada, autorizada pelos órgãos competentes do Governo de modo a permitir executar as operações de carga e descarga de mercadorias;

b) Possuir área mínima de armazenamento de 300 m2;

c) Cumprir os requisitos de funcionalidade, higiosanitárias, segurança contra incêndios e de acondicionamento de bens que o Governo determinar.

2. O comércio a grosso deve ser exercido em áreas previamente delimitadas e determinadas pelos órgãos competentes do Governo.

SECÇÃO II

Da Actividade Comercial Externa

Artigo 19.º

(Acesso)

1. A actividade comercial externa é exercida por pessoas jurídicas que possuam:

a) Capacidade comercial;

b) Alvará comercial;

c) Certificado de registo emitido pelo Ministério do Comércio.

2. Para a realização de operações comerciais externas é necessário o certificado de registo a ser concedido mediante inscrição no Ministério do Comércio.

3. Os procedimentos relativos às operações comerciais externas são estabelecidos pelo Governo.

SECÇÃO III

Dos Documentos de Licenciamento

Artigo 20.º

(Validade dos documentos)

O exercício da actividade comercial e de prestação de serviços mercantis são licenciados mediante atribuição de um alvará comercial, licença de comércio precário e cartão de feirante, ambulante, de vendedor de mercado e certificado de registo dos operadores do comércio externo, válidos por um período de cinco anos renováveis.

SECÇÃO IV

Das Taxas e Emolumentos

ARTIGO 21.º

(Taxas e emolumentos)

As taxas a cobrar pelos diversos serviços executados a pedido dos interessados são as que constarem do regulamento a aprovar pelo Governo.

SECÇÃO V

Da Oferta, dos Preços e Garantias

ARTIGO 22.º

(Oferta de bens e serviços mercantis)

1. O exercício da actividade comercial, origem, qualidade e quantidade dos produtos e/ou serviços mercantis, condições de venda e de prestação de serviços, devem respeitar o disposto na legislação em vigor.

2. O comerciante deve prestar ao consumidor e ao usuário uma informação documentada, em língua portuguesa clara, verdadeira e apropriada ao conhecimento do produto ou serviço, riscos de utilização e condições de aquisição, respeitando as solicitações dos consumidores.

3. Os bens e serviços objecto de oferta no mercado nacional devem conter as especificações técnicas. a data de fabrico, o prazo de validade, bem como observar o período mínimo de 50% de validade para o consumo.

4. A oferta pública ou a exposição de bens e serviços em estabelecimentos comerciais obriga o comerciante a proceder a sua venda, estão isentos dessa obrigação os produtos com a indicação expressa de que não se encontram à venda ou que, claramente, façam parte das instalações, como elementos complementares ou meramente decorativos.

5. Os comerciantes não podem limitar a quantidade de artigos ou bens que podem ser adquiridos por cada comprador nem estabelecer preços mais elevados ou suprir reduções ou incentivos para as compras que ultrapassem um determinado valor.

6. No caso de um estabelecimento aberto ao público não dispor de mercadorias suficientes para cobrir a procura, atendemse as solicitações por prioridade temporal.

194 *Manual de Direito Comercial Angolano*

7. Para salvaguarda da concorrência no mercado, a comercialização de bens e serviços deve obedecer à seguinte cadeia comercial:

1.º Importador e/ou produtor .... grossista.
2.º Grossista .... retalhista.
3.º Retalhista .... consumidor final.

ARTIGO 23.º

(Preço de bens e serviços mercantis)

1. Nos produtos expostos para venda a retalho deve indicar-se em letra bem visível a unidade de medida e o preço de venda ao público.

2. As referidas indicações devem ser feitas em letreiros, etiquetas, listas, cartazes ou Outros meios aceitáveis.

3. As indicações referidas no número anterior aplicam-se aos estabelecimentos que praticam o sistema de venda de livre serviço.

ARTIGO 24.º

(Garantia de bens e serviços pós-venda)

1. Os comerciantes respondem pela qualidade dos artigos vendidos conforme determinado nos Códigos Civil e Comercial, Lei das Sociedades Comerciais, bem como na Lei de Defesa do Consumidor e demais legislação em vigor.

2. O prazo mínimo de garantia, em caso de bens de carácter duradouro, é de 12 meses a contar da data da recepção do artigo.

3. O produtor ou importador deve garantir aos compradores adequado serviço técnico, de informação e reparação, relativamente ao bens duradouros que fabrica ou importa, assim como o fornecimento de peças de reposição durante um prazo mínimo de cinco anos a contar da data em que o modelo do produto deixe de ser fabricado ou importado.

4. A garantia referida no presente artigo consiste na entrega de talão/ /recibo ou factura, bem como de documento que contenha as instruções em língua portuguesa, de modo a propiciar o correcto uso e instalação do bem pelo comprador.

CAPÍTULO III

Do Cadastro Comercial

ARTIGO 25.º

(Registo de estabelecimentos e actividades comerciais)

1. No acto de licenciamento da actividade comercial e de prestação de serviços mercantis, os órgãos de licenciamento procedem em simultâneo ao registo e cadastramento dos estabelecimentos e da actividade.

2. É obrigatório o registo comercial das seguintes ocorrências:

a) Mudança do titular do alvará comercial ou outro documento de licenciamento;

b) Mudança da firma ou insígnia do estabelecimento

c) Transmissão do estabelecimento comercial por trespasse e a cessão de exploração do estabelecimento

d) Encerramento do estabelecimento comercial

e) Dissolução da sociedade comercial.

CAPÍTULO IV

Do Ordenamento Territorial dos Estabelecimentos Comerciais

SECÇÃO I

Do Urbanismo Comercial e Localização dos Estabelecimentos

ARTIGO 26°

(Urbanismo comercial)

1. Ao Governo compete regular a distribuição e implantação territorial dos estabelecimentos comerciais de acordo a mobilidade populacional, o tráfego, o impacte ambiental e a valorização da função comercial.

2. Compete aos órgãos da administração central e local do Estado autorizar a instalação e construção de estabelecimentos comerciais.

Artigo 27.º

(Localização)

1. Para salvaguarda do urbanismo comercial, deve ser observado o seguinte:

a) *Zonas urbanas* – estabelecem-se em geral superfícies comerciais, nomeadamente hipermercados, centros comerciais, supermercados, minimercados, assim como mercados municipais urbanos, estabelecimentos de prestação de serviços mercantis de dimensão relevante e actividade comercial grossista na modalidade do comércio por grosso em livre serviço (cash and carry);

b) *Zonas suburbanas* – além das superfícies comerciais estabelecem-se em geral nestas zonas, comércio retalhista, comércio precário, comércio geral, comércio ambulante, comércio feirante, mercados municipais urbanos, mercados abastecedores, entrepostos comerciais e outras actividades previstas por lei;

c) *Zonas rurais* – estabelecem-se em geral comércio retalhista, comércio precário, comércio geral, comércio ambulante, comércio feirante, mercados municipais rurais, pequena actividade agropecuária e transportadora e outras actividades previstas por lei.

2. O comércio a grosso deve ser exercido em áreas previamente delimitadas e determinadas pelos órgãos competentes do Governo.

SECÇÃO II

Horários de Abertura e Encerramento

Artigo 28.º

(Horários de abertura e encerramento dos estabelecimentos comerciais)

1. Sem prejuízo do regime especial fixado, os estabelecimentos comerciais podem estar abertos ao público no período compreendido entre as 6 horas da manhã e as 24 horas.

2. Os limites previstos no número anterior não se aplicam aos estabelecimentos situados em:

a) Terminais ferroviários, marítimos e aéreos;

b) Postos abastecedores de combustíveis de funcionamento permanente.

Lei das Actividades Comerciais 197

3. O disposto nos números anteriores do presente artigo não se aplica aos estabelecimentos de processamento, transformação e de venda dos produtos de pesca e aquicultura, para os quais prevalece o disposto na Lei n.º 6A104, de 8 de Outubro – Lei dos Recursos Biológicos e Aquáticos.

4. A disciplina, horário de funcionamento dos estabelecimentos comerciais e de prestação de serviços mercantis é fixado em diploma próprio pelo Governo.

CAPÍTULO V
Da Actuação Pública Sobre a Actividade Comercial

ARTIGO 29.º
(Intervenção do Estado)

1. O Estado deve intervir sempre que esteja em risco o cumprimento da função social da rede comercial e de prestação de serviços mercantis ou se verifiquem situações que comprometam gravemente os direitos dos consumidores.

2. A intervenção do Estado não deve afectar o funcionamento regular da actividade comercial, a concorrência e os direitos dos consumidores.

3. Compete ao Governo, através do Ministério do Comércio:

a) Definir a política para implementação das estratégias de desenvolvimento do comércio;

b) Promover o desenvolvimento e a modernização da actividade comercial em todo o território nacional;

c) Incentivar e regular a instalação, construção, expansão e distribuição territorial de infraestruturas comerciais e de prestação de serviços mercantis, tendo em conta a mobilidade populacional, o tráfego, o impacto ambiental e a valorização da função comercial;

d) Promover a oferta de bens e serviços mercantis, a competitividade em termos de qualidade, preços e de prazos de entrega;

e) Promover o fomento da produção para o consumo interno e diversificar as exportações;

f) Promover a defesa da qualidade e das marcas dos produtos quer se destinem ao consumo interno, quer às exportações;

g) Assegurar o intercâmbio entre as zonas de produção e os centros de consumo;

h) Promover a conquista dos mercados externos na perspectiva de permitir aos produtores nacionais a obtenção de economias de escala;

i) Fomentar a integração regional e a participação dos produtores nacionais no sistema de comércio internacional;

j) Promover a defesa do consumidor e da concorrência leal entre os agentes económicos;

k) Assegurar a disciplina no exercício da actividade comercial e coordenar toda a actividade de inspecção e fiscalização do exercício da actividade comercial e de prestação de serviços mercantis;

l) Proporcionar formação permanente, contínua e actualizada a empresários e trabalhadores do Sector com o fim de alcançar uma maior produtividade e eficácia na sua gestão;

m) Impulsionar a consolidação, estabilidade e crescimento do emprego no sector comercial;

n) Promover a criação do Conselho Nacional do Comércio como órgão multidisciplinar de auscultação, concertação e apoio aos comerciantes;

o) Definir os requisitos para infra-estruturas comerciais de funcionalidade higiosanitárias, técnicos-comerciais, segurança contra incêndios e de acondicionamento de bens e serviços mercantis.

ARTIGO 30.º

(Fiscalização e inspecção)

Compete ainda ao Governo proceder à fiscalização e à inspecção de produtos, actividades, instalações e estabelecimentos comerciais, assim como solicitar aos seus titulares, toda a informação julgada necessária e indispensável, nos termos da presente lei e demais legislação em vigor.

ARTIGO 31.º

(Obrigação de prestar informação)

Os comerciantes e seus representantes estão obrigados a prestar informações quando solicitadas pelos órgãos da fiscalização e inspecção, nos termos da lei.

CAPÍTULO VI
Sistema Sancionatório

SECÇÃO I
Das Infracções e Sanções

ARTIGO 32.º
(Infracções)

Sem prejuízo do disposto noutros diplomas legais, são consideradas infracções em matéria de comércio, as acções ou omissões previstas na presente lei e classificam-se em três categorias: ligeiras, graves e muito graves.

ARTIGO 33.º
(Multas)

1. As infracções ao disposto na presente lei são puníveis com multa.
2. As multas aplicadas são pagas em moeda nacional e de acordo com a unidade de correcção fiscal em vigor.

ARTIGO 34.º
(Responsabilidade)

As multas previstas na presente lei aplicam-se:

a) Às pessoas jurídicas, privadas, mistas e cooperativas, titulares ou não de alvará comercial ou outro documento de licenciamento;

b) Às pessoas jurídicas, privadas, mistas e cooperativas que actuam em nome e por conta dos comerciantes;

c) Às pessoas jurídicas, mistas e cooperativas, irregularmente constituídas que exerçam actividade comercial;

d) Às empresas públicas.

Artigo 35.º
(Infracções ligeiras)

1. Constitui infracção ligeira:

a) Não exibir de forma clara e precisa a documentação de licenciamento da actividade comercial ou a recusa de apresentação à autoridade competente;

b) Inobservância da obrigação de informar ao público sobre o horário de abertura e de encerramento do estabelecimento;

c) Fornecimento de informação inexacta ou incompleta requerida pelas autoridades ou seus agentes e por funcionários dos serviços de inspecção e fiscalização;

d) Permitir a venda de bens e serviços mercantis defronte ao estabelecimento comercial;

e) Não fornecer trocos devidos em moeda corrente, ao comprador durante a transacção comercial, sempre que a quantia entregue pelo comprador para pagamento a isso der lugar;

f) Não emitir a factura ou recibo, talão de venda a dinheiro ou outro documento similar a favor do comprador no acto de transacção, onde conste o bem e serviço, bem como o respectivo preço;

g) Não afixar o preço de forma visível, inequívoca e com referência à unidade de medida, junto dos bens a comercializar e expostos em montras e vitrinas;

h) Encerrar voluntariamente o estabelecimento comercial por mais de 15 dias seguidos,sem prévio conhecimento do Ministério do Comércio ou dos órgãos a quem este tenha delegado competência

i) Não colaborar com os órgãos competentes do Governo central, provincial, das administrações municipais e comunais no trabalho de saneamento básico e de manutenção e limpeza dos estabelecimentos comerciais;

j) Não afixar letreiros ou reclames visuais à entrada do estabelecimento comercial com a indicação do tipo da actividade que exerce;

k) Não possuir o certificado de habitabilidade.

2. As infracções ligeiras são puníveis com multa de 1 a 10 dias. A cada dia de multa, cinco salários mínimos da função pública.

3. Em caso de reincidência a multa é de 10 a 20 dias.

Artigo 36.º

(Infracções graves)

1. Constitui infracção grave:

a) Não comunicar atempadamente os casos de falência;

b) Não comunicar em caso de trespasse da actividade o Ministério do Comércio;

c) Vender bens ou prestar serviços por preço superior ao legalmente fixado ou com margem de lucro não admitida;

d) Vender bens ou prestar serviços por preço superior ao constante das etiquetas, letreiros ou listas elaboradas pela própria entidade vendedora ou prestadora de serviços mercantis;

e) Não utilizar instrumentos de peso e de medida nas transacções comerciais;

f) Aproveitar-se da escassez de bens e irregularidade do abastecimento com a intenção de obter lucro desproporcionado ou qualquer outra vantagem para si ou para terceiros ou causar perturbação no abastecimento regular do mercado;

g) Não colocar à disposição do cliente manuais, catálogos de instruções, características técnicas e informações em português sobre o uso, manejo e garantia da assistência técnica pós-venda;

h) Não aceitar dentro dos prazos legais a devolução do bem ou equipamento com defeito de fabrico:

i) Fornecer bens e serviços a pessoas jurídicas não habilitadas ao exercício da actividade comercial e que habitualmente a exercem em locais impróprios e sem condições higiosanitárias e técnicos-comerciais recomendadas;

j) Realizar actividades comerciais aos domingos e feriados, sem prévia autorização do Ministério do Comércio ou outros órgãos competentes quando esta deve ser dada;

k) Não dispor de livros obrigatórios de escrituração, consignados no Título 4. º do Código Comercial;

l) Agredir, obstruir com violência ou ameaçar de violência agentes de fiscalização e inspecção no exercício das suas funções;

m) Vender sob a denominação de «vendas com prémio», «vendas em baixa», «vendas em liquidação», «vendas em promoção» ou «vendas de saldos», com inobservância das características legais definidoras das mesmas;

n) Proceder vendas com prejuízo e vendas em pirâmide;

o) Expor objectos oferecidos nas vendas como presente, em baixa ou em liquidação por alguma causa que reduza seu valor de mercado;

p) Modificar, durante o período de duração da oferta, de vendas com presente, o preço ou qualidade do produto;

q) Não cumprir o regime estabelecido sobre a entrega dos presentes promocionais;

r) Violar a cadeia de comercialização: produtor e/ou importador grossista; grossistaretalhista; retalhista consumidor final;

s) Proibir o livre acesso e expulsar clientes sem justificação plausível;

t) Revistar sem justa causa clientes à entrada ou à saída do estabelecimento comercial;

u) Não possuir o cartão de sanidade dos trabalhadores que manuseiam os géneros alimentares;

v) Não possuir factura de aquisição de bens a comercializar;

w) Não possuir estrutura de cálculo de preços de bens e serviços;

x) Vender bebidas alcoólicas e tabaco a menores de idade;

y) Vender bebidas alcoólicas e tabaco nos estabelecimentos de ensino;

z) Tratar com indiferença e faltar ao respeito o cliente.

2. As infracções graves são puníveis com multa de 10 a 100 dias, nos termos do n.º 2 do artigo 35.º da presente lei.

3. Em caso de reincidência a multa é de 20 a 200 dias.

ARTIGO 37.º

(Infracções muito graves)

1. Constitui infracção muito grave:

a) Alterar o objecto social para o qual está licenciado ou efectuar obras que alterem substancialmente a sua estrutura arquitectónica, sem prévio conhecimento dos órgãos competentes;

b) Proceder a sublocação do estabelecimento comercial, propriedade do Estado sem prévia autorização dos órgãos competentes;

c) Transmitir a terceiros o alvará comercial e outros documentos de licenciamento;

d) Encerrar voluntariamente o estabelecimento comercial, por mais de 30 dias seguidos, 60 dias interpolados ou durante um ano sem conhecimento e autorização do Ministério do Comércio;

e) Não iniciar o exercício da actividade no prazo de 180 dias a contar da data de concessão do alvará comercial ou de outros documentos de licenciamento sem justificação plausível;

f) Não rotular em português os bens e serviços a comercializar e não respeitar a data de durabilidade mínima, data limite de consumo, composição, qualidade, condições especiais de conservação ou modo de emprego, origem e demais características que permitam a escolha do consumidor;

g) Propiciar a utilização por terceiros da infra-estrutura vistoriada;

h) Usar indevidamente o nome comercial ou título de estabelecimento;

i) Não salvaguardar as normas gerais de segurança, salubridade, higiene no local de trabalho e da garantia da inocuidade e da qualidade de alimentos, a luz da legislação em vigor;

j) Não adequar as infra-estruturas à natureza dos bens e serviços a comercializar, pondo em risco as condições de funcionalidade, equipamento, segurança e saúde pública recomendadas;

k) Exercer a actividade comercial sem prévia autorização ou falsificar o alvará comercial ou Outros documentos de licenciamento;

l) Oferecer ou prometer vantagem indevida a funcionário público para determiná-lo a praticar, omitir ou retardar o acto de ofício.

2. As infracções graves são puníveis com multa de 20 a 200 dias, tornando como base de cálculo para cada dia de multa, cinco salários mínimos da função pública.

3. Em caso de reincidência a multa é de 40 a 400 dias.

Artigo 38.º

(Prazo de pagamento das multas)

1. As multas por infracção à presente lei devem ser pagas num prazo máximo de 15 dias após notificação da decisão.

2. O prazo fixado no número anterior é prorrogável apenas uma vez a requerimento do interessado por igual período.

3. A falta de pagamento da multa, pode dar a suspensão do exercício da actividade comercial, sem prejuízo do competente processo criminal, caso haja lugar.

Artigo 39.º
(Participação de infracções)

Qualquer pessoa lesada pelas infracções às disposições desta lei ou que presuma que tais infracções estejam na eminência de ocorrer, tem a obrigação de informar às autoridades competentes.

Artigo 40.º
(Repartição das multas)

O valor das multas pagas por infracção ao estabelecido na presente lei é repartido nos termos da legislação em vigor sobre a matéria.

SECÇÃO II
Da Competência e Procedimentos Administrativos

Artigo 41.º
(Competência dos órgãos licenciadores da actividade comercial)

1. Os órgãos responsáveis pelo licenciamento da actividade comercial são competentes para impor as sanções definidas na presente lei.

2. Caso não se comprove a existência de qualquer infracção, o órgão competente pode ordenar o arquivo do processo.

3. Os órgãos de licenciamento da actividade comercial devem remeter ao tribunal competente todos os processos relativos aos autos de ocorrência que se mostrarem litigiosos.

Artigo 42.º
(Procedimentos e recurso sobre as sanções)

1. A aplicação de qualquer medida sancionatória deve ser precedida da audiência do presumível infractor, que em qualquer caso tem direito de defesa.

2. Na determinação da sanção a aplicar devem ser tomadas em consideração todas as circunstâncias que rodearam a prática da infracção, o grau de culpabilidade, os benefícios pretendidos e obtidos com a prática da infracção e os prejuízos dela resultante.

3. O infractor pode reclamar ou recorrer da decisão sancionatória nos termos da legislação em vigor.

Artigo 43.º
(Medidas cautelares)

1. Os órgãos de licenciamento da actividade comercial podem, ouvido previamente o infractor e enquanto decorre o processo de investigação, ordenar medidas cautelares de suspensão da actividade, ou interdição de fornecimento de bens ou prestação de serviços mercantis que, independentemente de prova de uma perda ou de um prejuízo real, pelo seu objecto, forma ou fim, acarretem ou possam acarretar riscos para a saúde, a segurança e os interesses económicos dos consumidores.

2. A interdição definitiva do exercício de actividade só pode ser determinada mediante processo judicial.

CAPÍTULO VII
Das Disposições Finais

Artigo 44.º
(Documentos de licenciamento emitidos ao abrigo da Legislação anterior)

1. As actividades comerciais e de prestação de serviços mercantis licenciadas ao abrigo do Decreto n.º 29/00, de 2 de Junho, mantêmse válidas com as adaptações devidas decorrentes da vigência da presente lei.

2. Para efeitos de renovação dos alvarás comerciais e outros documentos de licenciamento que legitimam o exercício das actividades referidas no número anterior, é concedido um prazo de 180 dias a partir da data da entrada em vigor da presente lei e respectivos regulamentos.

Artigo 45.º
(Dúvidas e omissões)

As dúvidas e omissões que se suscitarem da interpretação e aplicação da presente lei são resolvidas pela Assembleia Nacional.

Artigo 46.º

(Norma revogatória)

Fica revogada toda a legislação que contrarie o disposto na presente lei nomeadamente:

a) Decreto n.º 29/00, de 2 de Junho; os Decretos executivos n.º 43/00, de 2 de Junho; 44, de 2 de Junho; 45, de 2 de Junho; 46/00, de 2 de Junho 47/00, de 2 de Junho; 48/00, de 2 de Junho; 55/00, de 14 de Julho 56/00, de 14 de Julho; 75/00, de 10 de Novembro e n.º 76/00, de 10 de Novembro.

ANEXO I
CLASSIFICAÇÃO DAS ACTIVIDADES ECONÓMICAS
(C.A.E.) RAMO DE ACTIVIDADES

50000 – Comércio, manutenção e reparação de veículos automóveis e motociclos comércio a retalho de combustíveis para veículos.

50100 – Comércio de veículos automóveis.

50200 – Manutenção e reparação de veículos automóveis.

50300 – Comércio de peças e acessórios para veículos automóveis.

50400 – Comércio, manutenção e reparação de motociclos, de suas peças e acessórios.

50401 – Comércio por grosso e a retalho de motociclos, de suas peças e acessórios.

50402 – Manutenção e reparação de motociclos, de suas peças e acessórios.

50500 – Comércio a retalho e combustíveis para veículos a motor.

51000 – Comércio por grosso e agentes de Comércio, excepto de veículos automóveis e de motociclos.

51100 – Agentes do Comércio por grosso.

51101 – Agentes do comércio por grosso de matériasprimas agrícolas e têxteis, animais vivos e produtos semiacabados.

51102 – Agentes do comércio por grosso de combustíveis, minérios, metais, produtos químicos, máquinas, equipamento industrial, embarcações e aeronaves.

51103 – Agentes do comércio por grosso de madeira, materiais de construção, mobiliário, artigos para uso doméstico e ferragens.

51104 – Agentes do comércio por grosso de produtos alimentares, bebidas e tabaco.

51105 – Agentes especializados do comércio por grosso de produtos, n.e.

51106 – Agentes do Comércio por grosso misto sem predominância.

51200 – Comércio por grosso de produtos agrícolas brutos, animais vivos, produtos alimentares, bebidas e tabaco.

51210 – Comércio por grosso de produtos agrícolas brutos e animais vivos.

51211 – Comércio por grosso de cereais, sementes, leguminosas, oleaginoso e alimentos para animais.

Lei das Actividades Comerciais 207

51212 – Comércio por grosso de flores e plantas.
51213 – Comércio por grosso de animais vivos, de peles e couro.
51214 – Comércio por grosso de tabaco em bruto.
51220 – Comércio por grosso de produtos alimentares, bebidas e tabaco.
51221 – Comércio por grosso de fruta e de produtos hortícolas.
51222 – Comércio por grosso de carne e de produtos à base de carne.
51223 – Comércio por grosso de leite e derivados, ovos, azeite, óleos e gorduras alimentares.
51224 – Comércio por grosso de bebidas.
51225 – Comércio por grosso de tabaco.
51226 – Comércio por grosso de café, açúcar, chá, cacau e especiarias.
51227 – Comércio por grosso de peixe, crustáceo e moluscos.
51228 – Comércio por grosso de outros produtos alimentares.
51300 – Comércio por grosso de bens de consumo, excepto alimentares, bebidas e tabaco.
51310 – Comércio por grosso de têxteis, vestuário e calçado.
51311 – Comércio por grosso de têxteis e vestuário.
51320 – Comércio por grosso de outros bens de consumo.
51321 – Comércio por grosso de electrodomésticos, aparelhos de rádio, de televisão e de telefones.
51322 – Comércio por grosso de louças em cerâmica e em vidro, de papel de parede e de produtos de limpeza.
51323 – Comércio por grosso de perfumes, produtos de higiene e de produtos farmacêuticos.
51324 – Comércio por grosso de artigos de papelaria, livros, revistas e jornais.
51325 – Outro comércio por grosso de bens de consumo.
51400 – Comércio por grosso de combustíveis líquidos, sólidos, gasosos e produtos derivados.
51410 – Comércio por grosso de combustíveis líquidos, sólidos, gasosos e produtos derivados.
51420 – Comércio por grosso de mineiros e de metais.
51430 – Comércio por grosso de madeira, materiais de construção, equipamento sanitário, equipamentos e artigos de quinquilharia, de canalização e de aquecimento.
51431 – Comércio por grosso de madeira em bruto e de produtos derivados.
51432 – Comércio por grosso de materiais de construção (excepto madeira) e equipamento sanitário.
51433 – Comércio por grosso de ferragens, ferramentas manuais e artigos para canalizações e aquecimento.
51440 – Comércio por grosso de outros bens intermédios, de desperdícios e de sucatas.
51441 – Comércio por grosso de produtos químicos.
51442 – Comércio por grosso de bens intermédios (não agrícolas), n.e. de desperdícios e sucatas.
51500 – Comércio por grosso de máquinas e de equipamento.
51501 – Comércio por grosso de máquinasferramentas e de máquinas para a construção, agricultura e exploração florestal.
51502 – Comércio por grosso de máquinas e material de escritório.

51503 – Comércio por grosso de outras máquinas e equipamentos para a indústria, comércio e navegação.

51900 – Comércio por grosso, n.e.

52000 – Comércio a retalho (excepto de veículos automóveis, motociclos e combustíveis para veículos), reparação de bens pessoais e domésticos.

52100 – Comercio a retalho em estabelecimentos não especializados.

52110 – Comercio a retalho em estabelecimentos não especializados, com predominância de produtos alimentares, bebidas ou tabaco.

52111 – Comercio a retalho em supermercados e hipermercados.

52112 – Comércio a retalho em estabelecimentos não especializados, com predominância de produtos alimentares, bebidas ou tabaco, n.e.

52120 – Comercio a retalho em estabelecimentos não especializados, sem predominância de produtos alimentares, bebidas ou tabaco.

52200 – Comércio a retalho de produtos alimentares, bebidas e tabaco, em estabelecimentos especializados.

52201 – Comércio a retalho de frutas e de produtos hortícolas.

52202 – Comércio a retalho de carne e de produtos à base de carne.

52203 – Comércio a retalho de peixe, crustáceos e moluscos.

52204 – Comércio a retalho de pão, produtos de pastelaria e confeitaria.

52205 – Comércio a retalho de bebidas.

52206 – Comércio a retalho de produtos alimentares n.e. e de tabaco, em estabelecimentos especializados.

52300 – Outro Comércio a retalho de produtos novos em estabelecimentos especializados.

52310 – Comércio a retalho de produtos farmacêuticos, médicos, cosméticos e de higiene.

52320 – Comércio a retalho de têxteis, vestuário, calçado e artigos de couro.

52321 – Comércio a retalho de têxteis e de vestuário.

52322 – Comércio a retalho de calçado e de artigos de couro.

52330 – Comércio a retalho de electrodomésticos, artigos e equipamento para o bar.

52331 – Comércio a retalho de electrodomésticos, aparelhos de rádio e de televisão.

52332 – Comércio a retalho de mobiliário e artigos de iluminação.

52333 – Comércio a retalho de louças, cutelaria e de outros similares para uso doméstico.

52334 – Comércio a retalho de outros artigos para o lar, n.e..

52340 – Comércio a retalho de ferragens, tintas, vidros, equipamento sanitário, ladrilhos e similares.

52350 – Outro comércio a retalho de produtos novos em estabelecimentos especializados.

52351 – Comércio a retalho de livros, jorna is e artigos de papelaria.

52352 – Comércio a retalho de máquinas e de outro material de escritório.

52353 – Comércio a retalho de relógios e de artigos de ourivesaria.

52354 – Comércio a retalho de combustíveis para uso doméstico.

52355 – Outro comércio a retalho de produtos novos em estabelecimentos especializados, n.e.

52400 – Comércio a retalho de artigos em segunda mão em estabelecimentos.

52500 – Comércio a retalho não efectuado em estabelecimentos.

Lei das Actividades Comerciais 209

52510 – Comércio a retalho por correspondência.
52520 – Comércio a retalho em bancas e feiras.
52521 – Comércio a retalho em bancas e feiras de produtos alimentares e bebidas.
52522 – Comércio a retalho em bancas e feiras de produtos não alimentares e bebidas.
52530 – Comércio a retalho por outros métodos, não efectuado em estabelecimentos.
52600 – Reparação de bens pessoais e domésticos 52601.
52601 – Reparação de calçado e de outros artigos de couro.
52602 – Reparação de electrodomésticos.
52603 – Reparação de relógios e de artigos de joalharia.
52604 – Reparação de bens pessoas e domésticos, n.e.
70200 – Actividade imobiliária.
72500 – Manutenção e reparação de máquinas de escritório, contabilidade e de material informático. Incluir nas Actividades Comerciais:
93040 – Outras actividades de serviço n.e.
74940 – Actividades fotográficas.
74950 – Actividades de embalagens.
74960 – Outras actividades de serviços prestados principalmente a empresas n.e.
18122 – Confecção de outro vestuário exterior por medida.
18130 – Confecção de outros artigos e acessórios de vestuário, n.e.
93010 – Lavagem e limpeza a seco de têxteis e peles.
93020 – Actividades de salões de cabeleireiro e instituto de beleza.
41000 – Distribuição de água por cisterna.
40103 – Distribuição de electricidade.
63020 – Armazenagem.

ANEXO II
LISTA DE CLASSES E SUBCLASSESDE MERCADORIAS

N/0	CLASSES	SUBCLASSES	CÓDIGO Comércio Externo
0	1	2	3
1	I Ferragens, Ferramentas, Materiais de Construção e Artigos de Drogaria; 012	Ferramentas Artigos de Drogaria Ferragens e Materiais de Construção	011 012 013
2	II Artigos de Electricidade, Rádio Eléctrico e Aparelhos Electro-Domésticos	a) Aparelhos, Radioeléctricos e Electrodomésticos b) Artigos de Electricidade; 022	021 022
3	III Artigos Fotográficos, Cinematográficos, de Óptica e Instrumentos de Precisão	a) Artigos Fotográficos e Cinematográficos b) Artigos de Óptica e Instrumentos de Precisão	031 032

Manual de Direito Comercial Angolano

N/0	CLASSES	SUBCLASSES	CÓDIGO Comércio Externo
0	1	2	3
4	**IV** Armas, Munições e Artigos de Desporto	a) Armas e Munições b) Artigos de Desporto	041 042
5	**V** Tecidos, Modas e Confecções, Calçado e Outros Artigos de Vestuário, Artigos de Retroseiro, Bijuterias e Adornos Similares de Fantasia	a) Calçado e Artigos para Calçado b) Artigos de Retroseiro c) Tecidos, Modas, Confecções, Artigos de Vestuário, Bijuterias e Adornos Similares de Fantasia	051 052 053
6	**VI** Máquinas de Costura Industriais e Domésticas, Seus Pertences e Acessórios		060
7	**VII** Livraria, Papelaria, Artigos de Escritório e de Encadernação, Mobiliário, Máquinas de Escritório, Material de Desenho, de Pintura e Escolar	a) Livraria b) Mobiliário e Máquinas de Escritório c) Papelaria, Artigos de Escritório e de Encadernação, Material de Desenho, Pintura e Escolar	071 072 073
8	**VIII** Maquinaria Industrial e Agrícola (incluindo Tractores, Reboques e pertences e Peças separadas, bem como os respectivos Pneus e Câmaras de Ar	a) Maquinaria Industrial e Agrícola, seus pertences e peças separadas, bem como os respectivos Pneus e Câmaras de Ar b) Tractores, Reboques e Aeronaves, seus pertences e Peças separadas, bem como os respectivos Pneus e Câmaras de Ar	081 182
9	**IX** Veículos Automóveis, incluindo Bicicletas Motorizadas e, Motociclos, seus pertences e Peças separadas, bem como os respectivos Pneus e Câmaras de Ar	a) Bicicletas Motorizadas e Motociclos, seus pertences e Peças separadas, bem como os respectivos Pneus e Câmaras de Ar b) Restantes Veículos Automóveis, seus pertences e Peças separadas, bem como os respectivos Pneus e Câmaras de Ar c) Pertences e Pecas separadas de Veículos Automóveis, bem como os respectivos Pneus e Câmaras de Ar	091 092 093
10	**X** Óleos Minerais, Combustíveis e Lubrificantes	a) Produtos Lubrificantes b) Óleos Minerais e Combustíveis	101 102

Lei das Actividades Comerciais

N/0	CLASSES	SUBCLASSES	CÓDIGO Comércio Externo
0	1	2	3
11	XI Medicamentos, Material Cirúrgico e Hospitalar, Produtos Químicos e Farmacêuticos, Perfumaria e Artigos de Tocador e Higiene	a) Medicamentos, Produtos Químicos e Farmacêuticos b) Material cirúrgico e Hospitalar c) Perfumaria e Artigos de Tocador e Higiene	111 112 113
12	XII Artigos de Uso Domestico não Eléctricos, incluindo os de Vidro e de Porcelana, Louca e Quinquilharia, bem como, Brinquedos e Cutelarias	a) Artigos de Uso Doméstico não Eléctricos, incluindo os de Vidro e Porcelana b) Quinquilharia, Brinquedos e Cutelaria	121 122
13	XIII Produtos Alimentares, incluindo Vinho e Outras Bebidas	a) Géneros Frescos, incluindo Frutas e Legumes b) Produtos Alimentares, incluindo Vinhos e outras Bebidas, com exclusão de géneros frescos	131 132
14	XIV Ourivesaria e Relojoaria	a) Ourivesaria b) Relojoaria	141 142
15	XV Bicicletas não Motorizadas, seus pertences e Peças separadas, incluindo os respectivos Pneus e Câmaras de Ar		150
16	XVI Diversos	a) Tabacos, Cigarros, Charutos, Cigarrilhas, Gás e Gasolina para Isqueiros b) Solas e Cabedais c) Restantes Artigos	161 162 163

ANEXO III
TAXAS E EMOLUMENTOS PELA EMISSÃO
E ATRIBUIÇÃO DO ALVARÁ COMERCIAL

N.º	ACTIVIDADE	TAXA E EMOLUMENTOS EM UCF
0	1	2
A	COMÉRCIO INTERNO	
I	Comércio de Representação	
1	Agente Comercial em Nome Individual	2.800,00
2	Sociedades Comerciais	2.800,00
II	Comércio por Grosso	
1	Grandes Estabelecimentos Grossistas	1.400,00
2	Estabelecimentos Grossistas Especializados	1.120,00
3	Estabelecimentos Grossistas Mistos	1.120,00
4	Cash and Carry	1.120,00
III	Comércio a Retalho	
1	Hipermercados	2.800,00
2	Supermercados	1.400,00
3	Minimercados	840,00
4	Franchising	1.400,00
5	Estabelecimento de Dimensão Relevante	1.400,00
6	Lojas de Conveniência	280,00
7	Pequenos Estabelecimentos de Venda a Retalho	280,00
8	Comércio Geral	150,00
9	Comércio Precário	140,00
10	Comércio de Feirante	120.00
11	Comércio Ambulante	100,00
12	Vendedores de Mercado (Urbano, Suburbano e Rural)	50,00
IV	Prestação de Serviços Mercantis	
1	Concessionário Nacional	2.800,00
2	Concessionário Regional	1.400,00
3	Concessionário Provincial	1.120,00
4	Concessionário Local	840,00
5	Estabelec. de Dimensão Relevante	1.400,00
6	Pequenos Estabelecimentos de Prestação de Serviços	140,00
V	Licenciamento de Filiais e Sucursais	
	Pagamento de Taxas e Emolumentos conforme Actividades	
VI	Averbamentos de Classes e Subclasses de Mercadorias	
	Pagamento de Taxas e Emolumentos conforme Anexo n° IV	
VII	Vistoria as Infraestruras comerciais e de Prestação de Serviços	160,00
B	COMÉRCIO EXTERNO	
1	Importação	
	Pagamento de Taxas e Emolumentos conforme o anexo n.º IV	
2	Exportação	
3	Pagamento de Taxas e Emolumentos conforme o anexo n.º IV	

Lei das Actividades Comerciais 213

ANEXO IV
TAXAS E EMOLUMENTOS DO LICENCIAMENTO DA ACTIVIDADE COMERCIAL INTERNA E DO REGISTO E INSCRIÇÃO DE IMPORTADORES E EXPORTADORES

N/0	CLASSES	SUBCLASSES	CÓDIGO COMÉRCIO EXTERNO	TAXAS E EMOLUMENTOS M UCF
0	2	2	3	4
	I			**816**
1	Ferragens, Ferramentas, Materiais de Construção e Artigos de Drogaria;	a) Ferramentas	011	204
		b) Artigos de Drogaria	012	102
		c) Ferragens e Materiais de Construção	013	510
	II			**210**
2	Artigos de Electricidade, Rádio e Aparelhos Electrodomésticos;	a) Aparelhos Radioeléctricos/Electrodoméstico	021	156
		b) Artigos de Electricidade;	022	54
	III			**210**
3	Artigos Fotográficos, Cinematográficos, de Óptica e Instrumento de Precisão;	a) Artigos Fotográficos e Cinematográficos	031	156
		b) Artigos de Óptica e Instrumentos de Precisão	032	54
	IV			**204**
4	Armas, Munições e Artigos de Desporto;	a) Armas e Munições	041	102
		b) Artigos de Desporto	042	102
	V			**564**
5	Tecidos, Modas e Confecções, Calçado e Outros Artigos de Vestuário, Artigos de Retroseiro, Bijuterias e Adornos Similares de Fantasia;	a) Calçado e Artigos para Calçado;		
		b) Artigos de Retroseiro	051	102
		c) Tecidos, Modas, Confecções, Artigos de Vestuário, Bijuterias e Adornos Similares de Fantasia	052	54
			053	408
	VI			**54**
6	Máquinas de Costura Industriais e Domésticas, seus Pertences e Acessórios;	a) Máquinas de Costura Industriais e Domésticas	060	54
	VII			**822**
7	Livraria, Papelaria, Artigos de Escritório e de Encadernação, Mobiliário, Máquinas de Escritório, Material de Desenho, de Pintura e Escolar;	a) Livraria	071	54
		b) Mobiliário	072	408
		c) Papelaria, Artigos de Escritório e Encadernação Material de Desenho e Pintura Escolar	073	360
	VIII			**618**
8	Máquinas Industriais e Agrícola (incluindo Tractores, Reboques e Pertences e Peças Separadas, bem como os Respectivos Pneus e Câmaras de ar;	a) Maquinaria Industrial e Agrícola, seus Pertences e Peças Separadas, bem como os Respectivos Pneus e Câmaras de ar	081	258
		b) Tractores, Reboques e Aeronaves, seus Pertences e Peças Separadas, bem como os Respectivos Pneus e Câmaras de ar	082	360
	IX			**876**
9	Veículos Automóveis, incluindo Bicicletas Motorizadas e Motociclos, seus Pertences e Peças Separadas, bem como os Respectivos Pneus e Câmaras de ar;	a) Bicicletas, Motorizadas e Motociclos, seus Pertences e Peças Separadas, bem como os Respectivos Pneus e Câmaras de ar	091	156
		b) Restantes Veículos Automóveis, seus Pertences e Peças Separadas, bem como os Respectivos Pneus e Câmaras de ar	092	360

214 Manual de Direito Comercial Angolano

N/0	CLASSES	SUBCLASSES	CÓDIGO COMÉRCIO EXTERNO	TAXAS E EMOLUMENTOS M UCF
		c) Pertences e Peças Separadas de Veículos Automóveis, bem como os Respectivos Pneus e Câmaras de ar	093	360
	X			**1.836**
10	Óleos Minerais, Combustíveis e Lubrificantes;	a) Produtos Lubrificantes	101	102
		b) Óleos Minerais e Combustíveis	102	1.734
	XI			**414**
11	Medicamentos, Material Cirúrgico e Hospitalar, Produtos Químicos e Farmacêuticos, Perfumaria e artigos de Toucador e Higiene;	a) Medicamentos, Produtos Químicos e Farmacêuticos	111	306
		b) Material Cirúrgico e Hospitalar	112	54
		c) Perfumaria, Artigos de Toucador e Higiene	112	54
	XII			**204**
12	Artigos de Uso Doméstico não Eléctricos, incluindo os de Vidro e Porcelana, Louça e Quinquilharia, bem como Brinquedos e Cutelarias;	a) Artigos de Uso Doméstico não Eléctricos, incluindo os de Vidro e Porcelana, Louças	121	102
		b) Quinquilharia, bem como Brinquedos e Cutelarias	122	102
	XIII			**918**
13	Produtos Alimentares, incluindo Vinhos e Outras Bebidas	a) Géneros Frescos, Incluindo Frutas e Legumes	131	102
		b) Produtos Alimentares, incluindo Vinhos e Outras bebidas com exclusão de Frescos	132	816
	XIV			**258**
14	Ourivesaria e Relojoaria	a) Ourivesaria.	141	102
		b) Relojoaria	142	156
	XV			**54**
15	Bicicletas não Motorizadas, seus Pertences e Peças Separadas, bem como os Respectivos Pneus e Câmaras de Ar	a) Bicicletas não Motorizadas, seus Pertences e Peças Separadas, bem como os Respectivos Pneus e Câmaras de ar	150	54
	XVI			**1.536**
16	Diversos Restantes artigos	a) Tabacos, Cigarros, Charutos, Cigarrilhas, Gás e Gasolina para Isqueiros	161	90
			162	462
		b) Solas e Cabedais	163	156
		c) Restantes Artigos		
17	**CLASSE ÚNICA**	**(TAXA ÚNICA)**	170	**1.800**
18	**EXPORTAÇÃO**	**(TAXA ÚNICA)**		**1.000**

LEI UNIFORME RELATIVA A LETRAS E LIVRANÇAS

Estabelecida pela Convenção internacional assinada em Genebra em 7 de Junho de 1930, aprovada em Portugal pelo Decreto-Lei n.º 23 721, de 29 de Março de 1934, e ratificada pela Carta de Confirmação e Ratificação, no suplemento do "Diário do Governo", n.º 144, de 21 de Junho de 1934.

TÍTULO I
Das letras

CAPÍTULO I
Da Emissão e Forma da Letra

Artigo 1.º

(Requisitos da letra)

A letra contém:

1.º A palavra «letra» inserta no próprio texto do título e expressa na língua empregada para a redacção desse título;
2.º O mandato puro e simples de pagar uma quantia determinada;
3.º O nome daquele que deve pagar (sacado);
4.º A época do pagamento;
5.º A indicação do lugar em que se deve efectuar o pagamento;
6.º O nome da pessoa a quem ou à ordem de quem deve ser paga;
7.º A indicação da data em que, e do lugar onde a letra é passada;
8.º A assinatura de quem passa a letra sacador.

Artigo 2.º

(Falta de algum requisito)

O escrito em que faltar algum dos requisitos indicados no artigo anterior não produzirá efeito como letra, salvo nos casos determinados nas alíneas seguintes:

A letra em que se não indique a época do pagamento entende-se pagável à vista.

Na falta de indicação especial, o lugar designado ao lado do nome do sacado considera-se como sendo o lugar do pagamento, e, ao mesmo tempo, o lugar do domicílio do sacado.

As letras sem indicação do lugar onde foi passada considera-se como tendo-o sido no lugar designado, ao lado do nome do sacador.

Artigo 3.º

(Modalidades de emissão)

A letra pode ser à ordem do próprio sacador.

Pode ser sacada sobre o próprio sacador.

Pode ser sacada por ordem e conta de terceiro.

Artigo 4.º

(Local de pagamento)

A letra pode ser pagável no domicílio de terceiro, quer na localidade onde o sacado tem o seu domicílio, quer noutra localidade.

Artigo 5.º

(Contagem de juros)

Numa letra pagável à vista ou a um certo termo de vista, pode o sacador estipular que a sua importância vencerá juros. Em qualquer outra espécie de letra a estipulação de juros será considerada como não escrita.

A taxa de juro deve ser indicada na letra; na falta de indicação, a cláusula de juros é considerada como não escrita.

Os juros contam-se da data da letra, se outra data não for indicada.

Artigo 6.º

(Divergência na indicação do valor)

Se na letra a indicação da quantia a satisfazer se achar feita por extenso e em algarismos e houver divergência entre uma e outra, prevalece a que estiver feita por extenso.

Se na letra a indicação da quantia a satisfazer se achar feita por mais de uma vez, quer por extenso, quer em algarismos, e houver divergências entre as diversas indicações, prevalecerá a que se achar feita pela quantia inferior.

Artigo 7.º

(Independência de assinaturas)

Se a letra contém assinaturas de pessoas incapazes de se obrigarem por letras, assinaturas falsas, assinaturas de pessoas fictícias, ou assinaturas que por qualquer outra razão não poderiam obrigar as pessoas a assinarem a letra, ou em nome das quais ela foi assinada, as obrigações dos outros signatários nem por isso deixam de ser válidas.

Artigo 8.º

(Assinatura de representação sem poderes ou que exceda poderes)

Todo aquele que apuser a sua assinatura numa letra, como representante duma pessoa, para representar a qual não tinha de facto poderes, fica obrigado em virtude da letra e, se a pagar, tem os mesmos direitos que o pretendido representado. A mesma regra se aplica ao representante que tenha excedido os seus poderes.

Artigo 9.º

(Responsabilidade do sacador)

O sacador é garante tanto da aceitação como do pagamento da letra. O sacador pode exonerar-se da garantia da aceitação; toda e qualquer cláusula pela qual ele se exonere da garantia do pagamento considera-se como não escrita.

Artigo 10.º

(Violação do acordo na emissão da letra)

Se uma letra incompleta no momento de ser passada tiver sido completada contrariamente aos acordos realizados, não pode a inobservância desses acordos ser motivo de oposição ao portador, salvo se este tiver adquirido a letra de má fé ou, adquirindo-a, tenha cometido uma falta grave.

CAPÍTULO II

Do endosso

Artigo 11.º

(Transmissão da letra)

Toda a letra de câmbio, mesmo que não envolva expressamente a cláusula à ordem, é transmissível por via de endosso.

Quando o sacador tiver inserido nas letras palavras «não à ordem», ou uma expressão equivalente, a letra só é transmissível pela forma e com os efeitos de uma cessão ordinária de créditos.

O endosso pode ser feito mesmo a favor do sacado, aceitante ou não, do sacador, ou de qualquer outro co-obrigado. Estas pessoas podem endossar novamente a letra.

Artigo 12.º

(Modalidades do endosso)

O endosso deve ser puro e simples. Qualquer condição a que ele seja subordinado considera-se como não escrita.

O endosso parcial é nulo.

O endosso ao portador vale como endosso em branco.

Artigo 13.º

(Forma do endosso)

O endosso deve ser escrito na letra ou numa folha ligada a esta (anexo). Deve ser assinado pelo endossante.

O endosso não pode designar o beneficiário, ou consistir simplesmente na assinatura do endossante (endosso em branco). Neste último caso, o endosso para ser válido deve ser escrito no verso da letra ou na folha anexa.

ARTIGO 14.º

(Efeitos do endosso)

O endosso transmite todos os direitos emergentes da letra.
Se o endosso for em branco, o portador pode:

1.º Preencher o espaço em branco, quer com o seu nome, quer com o nome de outra pessoa;
2.º Endossar de novo a letra em branco ou a favor de outra pessoa;
3.º Remeter a letra a um terceiro, sem preencher o espaço em branco e sem a endossar.

ARTIGO 15.º

(Responsabilidade do endossante)

O endossante, salvo cláusula em contrário, é garante tanto da aceitação como do pagamento da letra.

O endossante pode proibir um novo endosso, e, neste caso, não garante o pagamento às pessoas a quem a letra for posteriormente endossada.

ARTIGO 16.º

(Legitimidade do portador)

O detentor de uma letra é considerado portador legítimo se justifica o seu direito por uma série ininterrupta de endossos, mesmo se o último for em branco. Os endossos riscados consideram-se, para este efeito, como não escritos. Quando um endosso em branco é seguido de um outro endosso, presume-se que o signatário deste adquiriu a letra pelo endosso em branco.

Se uma pessoa foi por qualquer maneira desapossada de uma letra, o portador dela, desde que justifique o seu direito pela maneira indicada na alínea precedente, não é obrigado a restitui-la, salvo se a adquiriu de má fé ou se, adquirindo-a, cometeu uma falta grave.

Artigo 17.º

(Relações pessoais nas acções da letra)

As pessoas accionadas em virtude de uma letra não podem opor ao portador as excepções fundadas sobre as relações pessoais delas com o sacador ou com os portadores anteriores, a menos que o portador ao adquirir a letra tenha procedido conscientemente em detrimento do devedor.

Artigo 18.º

(Endosso por procuração)

Quando o endosso contém a menção «valor a cobrar» *(valeur en recouvrement)*, «para cobrança» *(pour encaissement)*, «por procuração» *(par procuration)*, ou qualquer outra menção que implique um simples mandato, o portador pode exercer todos os direitos emergentes da letra, mas só pode endossá-la na qualidade de procurador.

Os co-obrigados, neste caso, só podem invocar contra o procurador as excepções que eram oponíveis ao endossante.

O mandato que resulta de um endosso por procuração não se extingue por morte ou sobrevinda incapacidade legal do mandatário.

Artigo 19.º

(Endosso em garantia ou em penhor)

Quando o endosso contém a menção «valor em garantia», «valor em penhor» ou qualquer outra menção que implique uma caução, o portador pode exercer todos os direitos emergentes da letra, mas um endosso feito por ele só vale como endosso a título de procuração.

Os co-obrigados não podem invocar contra o portador as excepções fundadas sobre as relações pessoais deles com o endossante, a menos que o portador, ao receber a letra, tenha procedido conscientemente em detrimento do devedor.

Artigo 20.º

(Endosso posterior ao vencimento ou ao protesto)

O endosso posterior ao vencimento tem os mesmos efeitos que o endosso anterior. Todavia, o endosso posterior ao protesto por falta de pagamento, ou feito depois de expirado o prazo fixado para se fazer o protesto, produz apenas os efeitos de uma cessão ordinária de créditos.

Salvo prova em contrário, presume-se que um endosso sem data foi feito antes de expirado o prazo fixado para se fazer o protesto.

CAPÍTULO III

Do aceite

Artigo 21.º

(Apresentação a aceite)

A letra pode ser apresentada, até ao vencimento, ao aceite do sacado, no seu domicílio, pelo portador ou até por um simples detentor.

Artigo 22.º

(Estipulação de prazo para aceite)

O sacador pode, em qualquer letra, estipular que ela será apresentada ao aceite, com ou sem fixação de prazo.

Pode proibir na própria letra a sua apresentação ao aceite, salvo se se tratar de uma letra pagável em domicílio de terceiro, ou de uma letra pagável em localidade diferente da do domicílio do sacado, ou de uma letra sacada a certo termo de vista.

O sacador pode também estipular que a apresentação ao aceite não poderá efectuar-se antes de determinada data.

Todo o endossante pode estipular que a letra deve ser apresentada ao aceite, com ou sem fixação de prazo, salvo se ela tiver sido declarada não aceitável pelo sacador.

Artigo 23.º

(Apresentação a aceite de letras a termos de vista)

As letras a certo termo de vista devem ser apresentadas ao aceite dentro do prazo de um ano das suas datas.

O sacador pode reduzir este prazo ou estipular um prazo maior. Esses prazos podem ser reduzidos pelos endossantes.

Artigo 24.º

(Segunda apresentação a aceite)

O sacado pode pedir que a letra lhe seja apresentada uma segunda vez no dia seguinte ao da primeira apresentação. Os interessados somente podem ser admitidos a pretender que não foi dada satisfação a este pedido no caso de ele figurar no protesto.

O portador não é obrigado a deixar nas mãos do aceitante a letra apresentada ao aceite.

Artigo 25.º

(Forma do aceite)

O aceite é escrito na própria letra. Exprime-se pela palavra «aceite» ou qualquer outra palavra equivalente; o aceite é assinado pelo sacado. Vale como aceite a simples assinatura do sacado aposta na parte anterior da letra.

Quando se trate de uma letra pagável a certo termo de vista, ou que deva ser apresentada ao aceite dentro de um prazo determinado por estipulação social, o aceite deve ser datado do dia em que foi dado, salvo se o portador exigir que seja a da apresentação. À falta de data, o portador, para conservar os seus direitos de recurso contra os endossantes e contra o sacador, deve fazer constar essa omissão por um protesto, feito em tempo útil.

Artigo 26.º

(Modalidades do aceite)

O aceite é puro e simples, mas o sacado pode limitá-lo a uma parte da importância sacada.

Qualquer outra modificação introduzida pelo aceite no enunciado da letra equivale a uma recusa de aceite. O aceitante fica, todavia, obrigado nos termos do seu aceite.

Artigo 27.º

(Local de pagamento diverso do domicílio do sacado)

Quando o sacador tiver indicado na letra um lugar de pagamento diverso do domicílio do sacado, sem designar um terceiro em cujo domicílio o pagamento se deva efectuar, o sacado pode designar no acto do aceite a pessoa que deve pagar a letra. Na falta desta indicação, considera-se que o aceitante se obriga ele próprio, a efectuar o pagamento no lugar indicado na letra.

Se a letra é pagável no domicílio do sacado, este pode, no acto do aceite, indicar, para ser efectuado o pagamento, um outro domicílio no mesmo lugar.

ARTIGO 28.º

(Responsabilidade do aceitante)

O sacado obriga-se pelo aceite a pagar a letra à data do vencimento.

Na falta de pagamento, o portador, mesmo no caso de ser ele o sacador, tem contra o aceitante um direito de acção resultante da letra, em relação a tudo que pode ser exigido nos termos dos artigos 48.º e 49.º.

ARTIGO 29.º

(Anulação do aceite. Aceite por comunicação escrita)

Se o sacado, antes da restituição da letra, riscar o aceite que tiver dado, tal aceite é considerado como recusado. Salvo prova em contrário, a anulação do aceite considera-se feita antes da restituição da letra.

Se, porém, o sacado tiver informado por escrito o portador ou qualquer outro signatário da letra de que a aceita, fica obrigado para com estes, nos termos do seu aceite.

CAPÍTULO IV

Do aval

ARTIGO 30.º

(Garantia do pagamento pelo aval)

O pagamento de uma letra pode ser no todo ou em parte garantido por aval.

Esta garantia é dada por um terceiro ou mesmo por um signatário da letra.

ARTIGO 31.º

(Forma do aval)

O aval é escrito na própria letra ou numa folha anexa.

Exprime-se pelas palavras «bom para aval» ou por qualquer fórmula equivalente; é assinado pelo dador do aval.

O aval considera-se como resultado da simples assinatura do dador aposta na face anterior da letra, salvo se se trata das assinaturas do sacado ou do sacador.

O aval deve indicar a pessoa por quem se dá. Na falta de indicação, entender-se-á ser pelo sacador.

ARTIGO 32.º

(Responsabilidade do avalista)

O dador de aval é responsável da mesma maneira que a pessoa por ele afiançada.

A sua obrigação mantém-se, mesmo no caso de a obrigação que ele garantiu ser nula por qualquer razão que não seja um vício de forma.

Se o dador de aval paga a letra, fica sub-rogado nos direitos emergentes da letra contra a pessoa a favor de quem foi dado o aval e contra os obrigados para com esta em virtude da letra.

CAPÍTULO V

Do vencimento

ARTIGO 33.º

(Modalidades de vencimento)

Uma letra pode ser sacada:

À vista;

A um certo termo de vista;

A um certo termo de data;

Pagável num dia fixado

As letras, quer com vencimentos diferentes, quer com vencimentos sucessivos, são nulas.

Artigo 34.º

(Vencimento à vista)

A letra *à vista* é pagável à apresentação. Deve ser apresentada a pagamento dentro do prazo de um ano, a contar da sua data. O sacador pode reduzir este prazo ou estipular um outro mais longo. Estes prazos podem ser encurtados pelos endossantes.

O sacador pode estipular que uma letra pagável à vista não deverá ser apresentada a pagamento antes de uma certa data.

Nesse caso, o prazo para a apresentação conta-se dessa data.

Artigo 35.º

(Vencimento a termo de vista)

O vencimento de uma letra a *certo termo de vista* determina-se, quer pela data do aceite, quer pela do protesto.

Na falta de protesto, o aceite não datado entende-se, no que respeita ao aceitante, como tendo sido dado ao último dia do prazo para a apresentação ao aceite.

Artigo 36.º

(Vencimento a prazo de vista)

O vencimento de uma letra sacada a um ou mais meses de data ou de vista será na data correspondente do mês em que o pagamento se deve efectuar. Na falta de data correspondente, o vencimento será no último dia desse mês.

Quando a letra é sacada a um ou mais meses e meio de data ou de vista, contam-se primeiro os meses inteiros.

Se o vencimento for fixado para o princípio, meado ou fim do mês, entende-se que a letra será vencível no primeiro, no dia quinze, ou no último dia desse mês.

As expressões «oito dias» ou «quinze dias» entendem-se não como uma ou duas semanas, mas como um prazo de oito ou quinze dias efectivos.

A expressão «meio mês» indica um prazo de quinze dias.

Artigo 37.º

(Vencimento em dia fixo)

Quando uma letra é pagável num dia fixo num lugar em que o calendário é diferente do lugar de emissão, a data do vencimento é considerada como fixada segundo o calendário do lugar de pagamento.

Quando uma letra sacada entre duas praças que têm calendários diferentes é pagável a certo termo de vista, o dia da emissão é referido ao dia correspondente do calendário do lugar de pagamento, para o efeito da determinação da data do vencimento.

Os prazos de apresentação das letras são calculados segundo as regras da alínea precedente.

Estas regras não se aplicam se uma cláusula da letra, ou até o simples enunciado do título, indicar que houve intenção de adoptar regras diferentes.

CAPÍTULO VI

Do pagamento

Artigo 38.º

(Apresentação a pagamento)

O portador de uma letra pagável em dia fixo ou a certo termo de data ou de vista deve apresentá-la a pagamento no dia em que ela é pagável ou num dos dois dias úteis seguintes.

A apresentação da letra a uma câmara de compensação equivale a apresentação a pagamento.

Artigo 39.º

(Quitação do pagamento)

O sacado que paga uma letra pode exigir que ela lhe seja entregue com a respectiva quitação.

O portador não pode recusar qualquer pagamento parcial.

No caso de pagamento parcial, o sacado pode exigir que desse pagamento se faça menção na letra e que dele lhe seja dada quitação.

Artigo 40.º

(Pagamento antes do vencimento e no vencimento)

O portador de uma letra não pode ser obrigado a receber o *pagamento* dela *antes do vencimento*.

O sacado que paga uma letra antes do vencimento fá-lo sob sua responsabilidade.

Aquele que paga uma letra no vencimento fica validamente desobrigado, salvo se da sua parte tiver havido fraude ou falta grave. É obrigado a verificar a regularidade da sucessão dos endossos, mas não a assinatura dos endossantes.

Artigo 41.º

(Moeda estipulada para o pagamento)

Se numa letra se estipular o pagamento em *moeda que não tenha curso legal no lugar do pagamento*, pode a sua importância ser paga na moeda do país, segundo o seu valor no dia do vencimento. Se o devedor está em atraso, o portador pode, à sua escolha, pedir que o pagamento da importância da letra seja feito na moeda do país ao câmbio do dia do vencimento ou ao câmbio do dia do pagamento.

A determinação do valor da moeda estrangeira será feita segundo os usos do lugar do pagamento. O sacado pode, todavia, estipular que a soma a pagar seja calculada segundo um câmbio fixado na letra.

As regras acima indicadas não se aplicam ao caso em que o sacador tenha estipulado que o pagamento deverá ser efectuado numa certa moeda especificada (cláusula de pagamento efectivo numa moeda estrangeira).

Se a importância da letra for indicada numa moeda que tenha a mesma denominação mas valor diferente no país de emissão e no de pagamento, presume-se que se fez referência à moeda do lugar de pagamento.

Artigo 42.º

(Falta de apresentação a pagamento)

Se a letra *não for apresentada a pagamento dentro do prazo fixado no artigo 38.º,* qualquer devedor tem a faculdade de depositar a sua importância junto da autoridade competente, à custa do portador e sob a responsabilidade deste.

CAPÍTULO VII

Da acção por falta de aceite e falta de pagamento

ARTIGO 43.º

(Direitos de acção do portador)

O portador de uma letra pode exercer os seus direitos de acção contra os endossantes, sacador e outros co-obrigados:

No vencimento;

Se o pagamento não foi efectuado.

Mesmo antes do vencimento:

1.º Se houver recusa total ou parcial do aceite;
2.º Nos casos de falência do sacado, quer ele tenha aceite, quer não, de suspensão de pagamentos do mesmo, ainda que não contestada por sentença, ou de ter sido promovida, sem resultado, execução dos seus bens;
3.º Nos casos de falência do sacador de uma letra não aceitável.

ARTIGO 44.º

(Protesto por recusa de aceite ou de pagamento)

A recusa de aceite ou de pagamento deve ser comprovada por um acto formal (protesto por falta de aceite ou falta de pagamento).

O protesto por falta de aceite deve ser feito nos prazos fixados para a apresentação o aceite.

Se, no caso previsto na alínea 1.ª do artigo 24.º, a primeira apresentação da letra tiver sido feita no último dia do prazo, pode fazer-se ainda o protesto no dia seguinte.

O protesto por falta de pagamento de uma letra pagável em dia fixo ou a certo termo de data ou de vista deve ser feito num dos dois dias úteis seguintes àquele em que a letra é pagável.

Se se trata de uma letra pagável à vista, o protesto deve ser feito nas condições indicadas na alínea precedente para o protesto por falta de aceite.

O protesto por falta de aceite dispensa a apresentação a pagamento e o protesto por falta de pagamento.

No caso de suspensão de pagamento do sacado, quer seja aceitante, quer não, ou no caso de lhe ter sido promovida, sem resultado, execução dos bens, o portador da letra só pode exercer o seu direito de acção após apresentação da mesma ao sacado para pagamento e depois de feito o protesto.

No caso de falência declarada do sacado, quer seja aceitante, quer não, bem como no caso de falência declarada do sacador de uma letra não aceitável, a apresentação da sentença de declaração de falência é suficiente para que o portador da letra possa exercer o seu direito de acção.

ARTIGO 45.º

(Avisos no caso de recusa de aceite ou de pagamento)

O portador deve avisar da falta de aceite ou de pagamento o seu endossante e o sacador dentro dos quatro dias úteis que se seguirem ao dia do protesto ou da apresentação, no caso de a letra conter a cláusula «sem despesas». Cada um dos endossantes deve, por sua vez, dentro dos dois dias úteis que se seguirem ao da recepção do aviso, informar o seu endossante do aviso que recebeu, indicando os nomes e endereços dos que enviaram os avisos precedentes, e assim sucessivamente até se chegar ao sacador. Os prazos acima indicados contam-se a partir da recepção do aviso precedente.

Quando, em conformidade com o disposto na alínea anterior, se avisou um signatário da letra, deve avisar-se também o seu avalista dentro do mesmo prazo de tempo.

No caso de um endossante não ter indicado o seu endereço, ou de o ter feito de maneira ilegível, basta que o aviso seja enviado ao endossante que o precede.

A pessoa que tenha de enviar um aviso pode fazê-lo por qualquer forma, mesmo pela simples devolução da letra.

Essa pessoa deverá provar que o aviso foi enviado dentro do prazo prescrito. O prazo considerar-se-á como tendo sido observado desde que a carta contendo o aviso tenha sido posta no correio dentro dele.

A pessoa que não der o aviso dentro do prazo acima indicado não perde os seus direitos; será responsável pelo prejuízo, se o houver, motivado pela sua negligência, sem que a responsabilidade possa exceder a importância da letra.

Artigo 46.º

(Cláusula «sem despesas»)

O sacador, um endossante ou um avalista pode, pela cláusula «sem despesas», «sem protesto», ou outra cláusula equivalente, dispensar o portador de fazer um protesto por falta de aceite ou falta de pagamento para poder exercer os seus direitos de acção.

Essa cláusula não dispensa o portador da apresentação da letra dentro do prazo prescrito nem tão-pouco dos avisos a dar. A prova da inobservância do prazo incumbe àquele que dela se prevaleça contra o portador.

Se a cláusula foi escrita pelo sacador, produz os seus efeitos em relação a todos os signatários da letra; se for inserida por um endossante ou por um avalista, só produz efeito em relação a esse endossante ou avalista. Se, apesar da cláusula escrita pelo sacador, o portador fez o protesto, as respectivas despesas serão de conta dele. Quando a cláusula emanar de um endossante ou de um avalista, as despesas do protesto, se for feito, podem ser cobradas de todos os signatários da letra.

Artigo 47.º

(Responsabilidade solidária dos intervenientes na letra)

Os sacadores, aceitantes, endossantes ou avalistas de uma letra são todos solidariamente responsáveis para com o portador.

O portador tem o direito de accionar todas estas pessoas, individualmente ou colectivamente, sem estar adstrito a observar a ordem por que elas se obrigaram.

O mesmo direito possui qualquer dos signatários de uma letra quando a tenha pago.

A acção intentada contra um dos co-obrigados não impede de accionar os outros, mesmo os posteriores àquele que foi accionado em primeiro lugar.

Artigo 48.º

(Direitos do portador)

O portador pode reclamar daquele contra quem exerce o seu direito de acção:

1.º O pagamento da letra não aceite ou não paga, com juros se assim foi estipulado;
2.º Os juros à taxa de 6 por cento desde a data do vencimento;
3.º As despesas do protesto, as dos avisos dados e as outras despesas. Se a acção for interposta antes do vencimento da letra, a sua importância será reduzida de um desconta.

Esse desconto será calculado de acordo com a taxa oficial de desconto (taxa do Banco) em vigor no lugar do domicílio do portador à data da acção.

ARTIGO 49.º

(Direitos de quem pagou a letra)

A pessoa que pagou uma letra pode reclamar dos seus garantes:
1.º A soma integral que pagou;
2.º Os juros da dita soma, calculados à taxa de 6 por cento, desde a data em que a pagou;
3.º As despesas que tiver feito.

ARTIGO 50.º

(Entrega da letra e eliminação do endosso)

Qualquer dos co-obrigados, contra o qual se intentou ou pode ser intentada uma acção, pode exigir, desde que pague a letra, que ela lhe seja entregue com o protesto e um recibo.

Qualquer dos endossantes que tenha pago uma letra pode riscar o seu endosso e os endossantes subsequentes.

ARTIGO 51.º

(Pagamento pela totalidade com aceite parcial)

No caso de acção intentada depois de um aceite parcial, a pessoa que pagar a importância pela qual a letra não foi aceite pode exigir que esse pagamento seja mencionado na letra e que dele lhe seja dada quitação. O portador deve, além disso, entregar a essa pessoa uma cópia autêntica da letra e o protesto, de maneira a permitir o exercício de ulteriores direitos de acção.

Artigo 52.º
(Direito de ressaque)

Qualquer pessoa que goze do direito de acção pode, salvo estipulação em contrário, embolsar-se por meio de uma nova letra (ressaque) à vista, sacada sobre um dos cobrigados e pagável no domicílio deste. O ressaque inclui, além das importâncias indicadas nos artigos 48.º e 49.º, um direito de corretagem e a importância do selo do ressaque.

Se o ressaque é sacado pelo portador, a sua importância é fixada segundo a taxa para uma letra à vista, sacada do lugar onde a primitiva letra era pagável sobre o lugar do domicílio do co-obrigado. Se o ressaque é sacado por um endossante, a sua importância é fixada segundo a taxa para uma letra à vista, sacada do lugar onde o sacador do ressaque tem o seu domicílio sobre o lugar do domicílio do co-obrigado.

Artigo 53.º
(Direitos de acção contra intervenientes não aceitantes)

Depois de expirados os prazos fixados:

– para a apresentação de uma letra à vista ou a certo termo de vista;
– para se fazer o protesto por falta de pagamento;
– para a apresentação a pagamento no caso da cláusula «sem despesas»; o portador perdeu os seus direitos de acção contra os endossantes, contra o sacador e contra os outros co-obrigados, à excepção do aceitante.

Na falta de apresentação ao aceite no prazo estipulado pelo sacador, o portador perdeu os seus direitos de acção, tanto por falta de pagamento como por falta de aceite, a não ser que dos termos da estipulação se conclua que o sacador apenas teve em vista exonerar-se da garantia do aceite.

Se a estipulação de um prazo para a apresentação constar de um endosso, somente aproveita ao respectivo endossante.

Artigo 54.º
(Prorrogação do prazo para apresentação ou protesto)

Quando a apresentação da letra ou o seu protesto não puder fazer--se dentro dos prazos indicados por motivo insuperável (prescrição legal declarada por um Estado qualquer ou outro caso de força maior), esses prazos serão prorrogados.

O portador deverá avisar imediatamente o seu endossante do caso de força maior e de fazer menção desse aviso, datada e assinada na letra ou numa folha anexa; para o demais são aplicáveis as disposições do artigo 45.º.

Desde que tenha cessado o caso de força maior, o portador deve apresentar sem demora a letra ao aceite ou a pagamento, e, caso haja motivo para tal, fazer o protesto.

Se o caso de força maior se prolongar além de trinta dias a contar da data do vencimento, podem promover-se acções sem que haja necessidade de apresentação ou protesto.

Para as letras à vista ou a certo termo de vista, o prazo de trinta dias conta-se da data em que o portador, mesmo antes de expirado o prazo para a apresentação, deu o aviso do caso de força maior ao seu endossante; para as letras a certo termo de vista, o prazo de trinta dias fica acrescido do prazo de vista indicado na letra.

Não são considerados casos de força maior os factos que sejam de interesse puramente pessoal do portador ou da pessoa por ele encarregada da apresentação da letra ou de fazer o protesto.

CAPÍTULO VIII

Da intervenção

1. Disposições gerais

ARTIGO 55.º

(Intervenção para aceitar ou pagar letra)

O sacador, um endossante ou um avalista podem indicar uma pessoa para em caso de necessidade aceitar ou pagar.

A letra pode, nas condições a seguir indicadas, ser aceita ou paga por uma pessoa intervindo por um devedor qualquer contra quem existe direito de acção.

O interveniente pode ser um terceiro, ou mesmo o sacado, ou uma pessoa já obrigada em virtude da letra, excepto o aceitante.

O interveniente é obrigado a participar, no prazo de dois dias úteis, a sua intervenção à pessoa por quem interveio. Em caso de inobservância deste prazo, o interveniente é responsável pelo prejuízo, se o houver, resultante da sua negligência, sem que as perdas e danos possam exceder a importância da letra.

2. Aceite por intervenção

Artigo 56.º

(Aceite por intervenção)

O aceite por intervenção pode realizar-se em todos os casos em que o portador de uma letra aceitável tem direito de acção antes do vencimento.

Quando na letra se indica uma pessoa para em caso de necessidade a aceitar ou a pagar no lugar do pagamento, o portador não pode exercer o seu direito de acção antes do vencimento contra aquele que indicou essa pessoa e contra os signatários subsequentes a não ser que tenha apresentado a letra à pessoa designada e que, tendo esta recusado o aceite, se tenha feito o protesto.

Nos outros casos de intervenção, o portador pode recusar o aceite por intervenção. Se, porém, o admitir, perde o direito de acção antes do vencimento contra aquele por quem a aceitação foi dada e contra os signatários subsequentes.

Artigo 57.º

(Forma do aceite por intervenção)

O aceite por intervenção será mencionado na letra e assinado pelo interveniente. Deverá indicar por honra de quem se fez a intervenção; na falta desta indicação, presume-se que interveio pelo sacador.

Artigo 58.º

(Responsabilidade do aceitante por intervenção)

O aceitante por intervenção fica obrigado para com o portador e para com os endossantes posteriores àquele por honra de quem interveio da mesma forma que este. Não obstante o aceite por intervenção, aquele por honra de quem ele foi feito e os seus garantes podem exigir do portador, contra o pagamento da importância indicada no artigo 48.º, a entrega da letra, do instrumento do protesto e, havendo lugar, de uma conta com a respectiva quitação.

3. Pagamento por intervenção

Artigo 59.º

(Pagamento por intervenção)

O pagamento por intervenção pode realizar-se em todos os casos em que o portador de uma letra tem direito de acção à data do vencimento ou antes dessa data.

O pagamento deve abranger a totalidade da importância que teria a pagar aquele por honra de quem a intervenção se realizou.

O pagamento deve ser feito o mais tardar no dia seguinte ao último em que é permitido fazer o protesto por falta de pagamento.

Artigo 60.º

(Apresentação a pagamento de letra com aceite de intervenção e respectivo protesto)

Se a letra foi aceita por intervenientes tendo o seu domicílio no lugar do pagamento, ou se foram indicadas pessoas tendo o seu domicílio no mesmo lugar para, em caso de necessidade,

pagarem a letra, o portador deve apresentá-la a todas essas pessoas e, se houver lugar, fazer o protesto por falta de pagamento o mais tardar no dia seguinte ao último em que era permitido fazer o protesto.

Na falta de protesto dentro deste prazo, aquele que tiver indicado pessoas para pagarem em caso de necessidade, ou por conta de quem a letra tiver sido aceita, bem como os endossantes posteriores, ficam desonerados.

Artigo 61.º

(Recusa do portador ao pagamento por intervenção)

O portador que recusar o pagamento por intervenção perde o seu direito de acção contra aqueles que teriam ficado desonerados.

Artigo 62.º
(Recibo do pagamento por intervenção)

O pagamento por intervenção deve ficar constatado por um recibo passado na letra, contendo a indicação da pessoa por honra de quem foi feito. Na falta desta indicação presume-se que o pagamento foi feito por honra do sacador.

A letra e o instrumento do protesto, se o houver, devem ser entregues à pessoa que pagou por intervenção.

Artigo 63.º
(Subrogação de quem paga por intervenção)

O que paga por intervenção fica sub-rogado nos direitos emergentes da letra contra aquele por honra de quem pagou e contra os que são obrigados para com este em virtude da letra.

Não pode, todavia, endossar de novo a letra.

Os endossantes posteriores ao signatário por honra de quem foi feito o pagamento ficam desonerados.

Quando se apresentarem várias pessoas para pagar uma letra por intervenção, será preferida aquela que desonerar maior número de obrigados. Aquele que, com conhecimento de causa intervier contrariamente a esta regra, perde os seus direitos de acção contra os que teriam sido desonerados.

CAPÍTULO IX
Da pluralidade de exemplares e das cópias

1. Pluralidade de exemplares

Artigo 64.º
(Saque por várias vias)

A letra pode ser sacada por várias vias. Essas vias devem ser numeradas no próprio texto, na falta do que, cada via será considerada como uma letra distinta.

O portador de uma letra que não contenha a indicação de ter sido sacada numa única via pode exigir à sua custa a entrega de várias vias. Para este efeito o portador deve dirigir-se ao seu endossante imediato, para que este o auxilíe a proceder contra o seu próprio endossante e assim sucessivamente até se chegar ao sacador. Os endossantes são obrigados a reproduzir os endossos nas novas vias.

ARTIGO 65.º

(Pagamento de uma das vias)

O pagamento de uma das vias é liberatório, mesmo que não esteja estipulado que esse pagamento anula o efeito das outras. O sacado fica, porém, responsável por cada uma das vias que tenham o seu aceite e lhe não hajam sido restituídas.

O endossante que transferiu vias da mesma letra a várias pessoas e os endossantes subsequentes são responsáveis por todas as vias que contenham as suas assinaturas e que não hajam sido restituídas.

ARTIGO 66.º

(Envio a aceite de uma das vias de letra)

Aquele que enviar ao aceite uma das vias da letra deve indicar nas outras o nome da pessoa em cujas mãos aquela se encontra. Esta pessoa é obrigada a entregar essa via ao portador legítimo doutro exemplar.

Se se recusar fazê-lo, o portador só pode exercer o seu direito de acção depois de ter feito constatar por um protesto:

1.º Que a via enviada ao aceite lhe não foi restituída a seu pedido;
2.º Que não foi possível conseguir o aceite ou o pagamento de uma outra via.

2. Cópias

ARTIGO 67.º

(Cópias da letra)

O portador de uma letra tem o direito de tirar cópias dela.

A cópia deve reproduzir exactamente o original, com os endossos e todas as outras menções que nela figurem. Deve mencionar onde acaba a cópia.

A cópia pode ser endossada e avalizada da mesma maneira e produzindo os mesmos efeitos que o original.

ARTIGO 68.º

(Requisitos da cópia)

A cópia deve indicar a pessoa em cuja posse se encontra o título original. Esta é obrigada a remeter o dito título ao portador legítimo da cópia.

Se se recusar a fazê-lo, o portador só pode exercer o seu direito de acção contra as pessoas que tenham endossado ou avalizado a cópia, depois de ter feito constatar por um protesto que o original lhe não foi entregue a seu pedido.

Se o título original, em seguida ao último endosso feito antes de tirada a cópia, contiver a cláusula: «daqui em diante só é válido o endosso na cópia» ou qualquer outra fórmula equivalente, é nulo qualquer endosso assinado ulteriormente no original.

CAPÍTULO X

Das alterações

ARTIGO 69.º

(Alterações no texto de uma letra)

No caso de alteração no texto de uma letra, os signatários posteriores a essa alteração ficam obrigados nos termos do texto alterado; os signatários anteriores são obrigados nos termos do texto original.

CAPÍTULO XI
Da prescrição

Artigo 70.º
(Prazos de prescrição)

Todas as acções contra o aceitante relativas a letras prescrevem em três anos a contar do seu vencimento.

As acções do portador contra os endossantes e contra o sacador prescrevem num ano, a contar da data do protesto feito em tempo útil, ou da data do vencimento, se se tratar da letra contendo a cláusula «sem despesas».

As acções dos endossantes uns contra os outros e contra o sacador prescrevem em seis meses a contar do dia em que o endossante pagou a letra ou em que ele próprio foi accionado.

Artigo 71.º
(Interrupção da prescrição

A interrupção da prescrição só produz efeito em relação à pessoa para quem a interrupção foi feita.

CAPÍTULO XII
Disposições gerais

Artigo 72.º
(Prorrogação de prazo por feriado)

O pagamento de uma letra cujo vencimento recai em dia feriado legal só pode ser exigido no seguinte primeiro dia útil. Da mesma maneira, todos os actos respeitantes a letras, especialmente a apresentação ao aceite e o protesto, somente podem ser feitos em dia útil.

Quando um desses actos tem de ser realizado num determinado prazo, e o último dia desse prazo é feriado legal, fica o dito prazo prorrogado até ao primeiro dia útil que se seguir ao seu termo.

Artigo 73.º

(Contagem dos prazos)

Os prazos legais ou convencionais não compreendem o dia que marca o seu início.

Artigo 74.º

(Inadmissibilidade de dias de perdão)

Não são admitidos dias de perdão, quer legal, quer judicial.

TÍTULO II
Da livrança

Artigo 75.º

(Requisitos da livrança)

A livrança contém:

1. A palavra «livrança» inserta no próprio texto e expressa na língua empregada para redacção desse título;
2. A promessa pura e simples de pagar uma quantia determinada;
3. A época do pagamento;
4. A indicação do lugar em que se deve efectuar o pagamento;
5. O nome da pessoa a quem ou à ordem de quem deve ser paga;
6. A indicação da data em que e do lugar onde a livrança é passada;
7. A assinatura de quem passa a livrança (subscritor).

Artigo 76.º

(Efeitos da falta de algum requisito)

O escrito em que faltar algum dos requisitos indicados no artigo anterior não produzirá efeito como livrança, salvo nos casos determinados nas alíneas seguintes.

A livrança em que se não indique a época do pagamento será considerada pagável à vista.

Na falta de indicação especial, o lugar onde o escrito foi passado considera-se como sendo o lugar do pagamento e, ao mesmo tempo, o lugar do domicílio do subscritor da livrança.

A livrança que não contenha indicação do lugar onde foi passada considera-se como tendo-o sido no lugar designado ao lado do nome do subscritor.

ARTIGO 77.º

(Aplicação das disposições relativas às letras)

São aplicáveis às livranças, na parte em que não sejam contrárias à natureza deste escrito, as disposições relativas às letras e respeitantes a:

Endosso (artigos 11.º a 20.º);

Vencimentos (artigos 33.º a 37.º);

Pagamento (artigos 38.º a 42.º);

Direitos de acção por falta de pagamento (artigos 43.º a 50.º e 52.º a 54.º);

Pagamento por intervenção (artigos 55.º e 59.º a 63.º);

Cópias (artigos 67.º e 68.º);

Alterações (artigo 69.º);

Prescrição (artigos 70.º e 71.º);

Dias feriados, contagem de prazos e interdição de dias de perdão (artigos 72.º a 74.º).

São igualmente aplicáveis às livranças as disposições relativas às letras pagáveis no domicílio de terceiro ou numa localidade diversa da do domicílio do sacado (artigos 4.º e 27.º), a estipulação de juros (artigo 5.º), as divergências nas indicações da quantia a pagar (artigo 6.º), as consequências da aposição de uma assinatura nas condições indicadas no artigo 7.º, as da assinatura de uma pessoa que age sem poderes ou excedendo os seus poderes (artigo 8.º) e a letra em branco (artigo 10.º).

São também aplicáveis às livranças as disposições relativas ao aval (artigos 30.º a 32.º); no caso previsto na última alínea do artigo 31.º, se o aval não indicar a pessoa por quem é dado, entender-se-á ser pelo subscritor da livrança.

Artigo 78.º

(Responsabilidade do subscritor

O subscritor de uma livrança é responsável da mesma forma que o aceitante de uma letra.

As livranças pagáveis a certo termo de vista devem ser presentes ao visto dos subscritores nos prazos fixados no artigo 23.º. O termo de vista conta-se da data do visto dado pelo subscritor.

A recusa do subscritor a dar o seu visto é comprovada por um protesto (artigo 25.º), cuja data serve de início ao termo de vista.

LEI UNIFORME RELATIVA AO CHEQUE

Estabelecida pela Convenção internacional assinada em Genebra em 19 de Março de 1931, aprovada em Portugal pelo Decreto-Lei n.º 23 721, de 29 de Março de 1934, e confirmada e ratificada pela Carta de 10 de Maio de 1934, publicado no suplemento do "Diário do Governo", n.º 144, de 21 de Junho de 1934.

CAPÍTULO I
Da emissão e forma do cheque

ARTIGO 1.º
(Requisitos do cheque)

O cheque contém:

1. A palavra"cheque" inserta no próprio texto do título e expressa na língua empregada para a redacção desse título;
2. O mandato puro e simples de pagar uma quantia determinada;
3. O nome de quem deve pagar (sacado);
4. A indicação do lugar em que o pagamento se deve efectuar;
5. A indicação da data em que e do lugar onde o cheque é passado;
6. A assinatura de quem passa o cheque (sacador).

ARTIGO 2.º
(Falta de algum dos requisitos)

O título a que faltar qualquer dos requisitos enumerados no artigo precedente não produz efeito como cheque, salvo nos casos determinados nas alíneas seguintes.

Na falta de indicação especial, o lugar designado ao lado do nome do sacado considera-se como sendo o lugar de pagamento. Se forem indicados vários lugares ao lado do nome do sacado, o cheque é sacado, o cheque é pagável no lugar primeiro indicado.

Na ausência destas indicações ou de qualquer outra indicação, o cheque é pagável no lugar em que o sacado tem o seu estabelecimento principal.

O cheque sem indicação do lugar da sua emissão considera-se passado no lugar designado ao lado do nome do sacador.

ARTIGO 3.º

(Provisão)

O cheque é sacado sobre um banqueiro que tenha fundos à disposição do sacador e em harmonia com uma convenção expressa ou tácita, segundo a qual o sacador tem o direito de dispor desses fundos por meio de cheque. A validade do título como cheque não fica, todavia, prejudicada no caso de inobservância destas prescrições.

ARTIGO 4.º

(Proibição de aceite)

O cheque não pode ser aceito. A menção de aceite lançada no cheque considera-se como não escrita.

ARTIGO 5.º

(Modalidades quanto ao beneficiário)

O cheque pode ser feito pagável:

A uma determinada pessoa, com ou sem cláusula expressa "à ordem";

A uma determinada pessoa, com a cláusula "não à ordem", ou outra equivalente;

Ao portador.

O cheque passado a favor duma determinada pessoa, mas que contenha a menção "ou ao portador", ou outra equivalente, é considerado como cheque ao portador.

O cheque sem indicação do beneficiário é considerado como cheque ao portador.

ARTIGO 6.º

(Modalidades do saque)

O cheque pode ser passado à ordem do próprio sacador.
O cheque pode ser sacado por conta de terceiro.
O cheque não pode ser passado sobre o próprio sacador, salvo no caso em que se trate dum cheque sacado por um estabelecimento sobre outro estabelecimento, ambos pertencentes ao mesmo sacador.

ARTIGO 7.º

(Nulidade da estipulação de juros)

Considera-se como não escrita qualquer estipulação de juros inserta no cheque.

ARTIGO 8.º

(Cheque a pagar no domicílio de terceiro)

O cheque pode ser pagável no domicílio de terceiro, quer na localidade onde o sacado tem o seu domicílio, quer numa outra localidade, sob a condição no entanto de que o terceiro seja banqueiro.

ARTIGO 9.º

(Divergências sobre o montante)

O cheque cuja importância for expressa por extenso e em algarismos, vale, em caso de divergência, pela quantia designada por extenso.
O cheque cuja importância for expressa várias vezes, quer por extenso, quer em algarismos, vale, em caso de divergência, pela menor quantia indicada.

ARTIGO 10.º

(Independência das assinaturas válidas)

Se o cheque contém assinaturas de pessoas incapazes de se obrigarem por cheque, assinaturas falsas, assinaturas de pessoas fictícias, ou assinaturas que por qualquer outra razão não poderiam obrigar as pessoas que assinaram o cheque, ou em nome das quais ele foi assinado, as obrigações dos outros signatários não deixam por esse facto de ser válidas.

ARTIGO 11.º

(Representação sem poderes ou com excesso de poder)

Todo aquele que apuser a sua assinatura num cheque, como representante duma pessoa, para representar a qual não tinha de facto poderes, fica obrigado em virtude do cheque, e, se o pagar, tem os mesmos direitos que o pretendido representado. A mesma regra se aplica ao representante que tenha excedido os seus poderes.

ARTIGO 12.º

(Responsabilidade do sacador)

O sacador garante o pagamento. Considera-se como não escrita qualquer declaração pela qual o sacador se exima a esta garantia.

ARTIGO 13.º

(Violação do pacto de preenchimento)

Se um cheque incompleto no momento de ser passado tiver sido completado contrariamente aos acordos realizados, não pode a inobservância desses acordos ser motivo de oposição ao portador, salvo se este tiver adquirido o cheque de má fé, ou, adquirindo-o, tenha cometido uma falta grave.

CAPÍTULO II

Da Transmissão

ARTIGO 14.º

(Formas de transmissão)

O cheque estipulado pagável a favor duma determinada pessoa, com ou sem cláusula expressa "à ordem", é transmissível por via de endosso.

O cheque estipulado pagável a favor duma determinada pessoa, com a cláusula "não à ordem" ou outra equivalente, só é transmissível pela forma e com os efeitos duma cessão ordinária. O endosso pode ser feito mesmo a favor do sacador ou de qualquer outro co-obrigado. Essas pessoas podem endossar novamente o cheque.

Artigo 15.º

(Modalidades do endosso)

O endosso deve ser puro e simples. Considera-se como não escrita qualquer condição a que ele esteja subordinado.

É nulo o endosso parcial.

É nulo igualmente o endosso feito pelo sacado.

O endosso ao portador vale como endosso em branco.

O endosso ao sacado só vale como quitação, salvo no caso de o sacado ter vários estabelecimentos e de o endosso ser feito em benefício de um estabelecimento diferente daquele sobre o qual o cheque foi sacado.

Artigo 16.º

(Forma do endosso)

O endosso deve ser escrito no cheque ou numa folha ligada a este (anexo).

Deve ser assinado pelo endossante.

O endosso pode não designar o beneficiário ou consistir simplesmente na assinatura do endossante (endosso em branco). Neste último caso o endosso, para ser válido, deve ser escrito no verso do cheque ou na folha anexa.

Artigo 17.º

(Efeitos do endosso. Endosso em branco)

O endosso transmite todos os direitos resultantes do cheque.

Se o endosso é em branco, o portador pode:

1. Preencher o espaço em branco, quer com o seu nome, quer com o nome de outras pessoas;

2. Endossar o cheque de novo em branco ou a outra pessoa;

3. Transferir o cheque a um terceiro sem preencher o espaço em branco nem o endossar.

Artigo 18.º
(Responsabilidade do endossante)

Salvo a estipulação em contrário o endossante garante o pagamento.

O endossante pode proibir um novo endosso, e neste caso não garante o pagamento às pessoas a quem o cheque for posteriormente endossado.

Artigo 19.º
(Requisitos da legitimidade do portador)

O detentor de um cheque endossável é considerado portador legítimo se justifica o seu direito por uma série ininterrupta de endossos, mesmo se o último for em branco. Os endossos riscados são, para este efeito, considerados como não escritos. Quando o endosso em branco é seguido de um outro endosso, presume-se que o signatário deste adquiriu o cheque pelo endosso em branco.

Artigo 20.º
(Endosso ao portador)

Um endosso num cheque passado ao portador torna o endossante responsável nos termos das disposições que regulam o direito à acção, mas nem por isso converte o título num cheque à ordem.

Artigo 21.º
(Inoponibilidade ao portador legítimo do desapossamento)

Quando uma pessoa foi por qualquer maneira desapossada de um cheque, o detentor a cujas mãos ele foi parar – quer se trate de um cheque ao portador, quer se trate de um cheque endossável em relação ao qual o detentor justifique o seu direito pela forma indicada no artigo 19.º – não é obrigado a restituí-lo, a não ser que o tenha adquirido de má fé, ou que, adquirindo-o, tenha cometido uma falta grave.

Artigo 22.º

(Excepções inoponíveis ao portador)

As pessoas accionadas em virtude de um cheque não podem opor ao portador as excepções fundadas sobre as relações pessoais delas com o sacador, ou com os portadores anteriores, salvo se o portador ao adquirir o cheque tiver procedido conscientemente em detrimento do devedor.

Artigo 23.º

(Endosso por procuração)

Quando um endosso contém a menção "valor a cobrar" (*valeur en recouvrement*), "para cobrança" (*pour encaissement*), "por procuração" (*par procuration*), ou qualquer outra menção que implique um simples mandato, o portador pode exercer todos os direitos resultantes do cheque, mas só pode endossá-lo na qualidade de procurador.

Os co-obrigados neste caso só podem invocar contra o portador as excepções que eram oponíveis ao endossante.

O mandato que resulta de um endosso por procuração não se extingue por morte ou sobrevinda incapacidade legal do mandatário.

Artigo 24.º

(Endosso tardio)

O endosso feito depois de protesto ou duma declaração equivalente, ou depois de terminado o prazo para apresentação, produz apenas os efeitos de uma cessão ordinária.

Salvo prova em contrário, presume-se que um endosso sem data haja sido feito antes do protesto ou das declarações equivalentes, ou antes de findo o prazo indicado na alínea precedente.

CAPÍTULO III

Do aval

ARTIGO 25.º

(Função do aval)

O pagamento dum cheque pode ser garantido no todo ou em parte do seu valor por um aval.

Esta garantia pode ser dada por um terceiro, exceptuando o sacado, ou mesmo por um signatário do cheque.

ARTIGO 26.º

(Forma do aval)

O aval é dado sobre o cheque ou sobre a folha anexa.

Exprime-se pelas palavras "bom para aval", ou por qualquer outra forma equivalente; é assinado pelo avalista.

Considera-se como resultando da simples aposição da assinatura do avalista na face do cheque, excepto quando se trate da assinatura do sacador.

O aval deve indicar a quem é prestado. Na falta desta indicação considera-se prestado ao sacador.

ARTIGO 27.º

(Responsabilidade do dador de aval)

O avalista é obrigado da mesma forma que a pessoa que ele garante.

A sua responsabilidade subsiste ainda mesmo que a obrigação que ele garantiu fosse nula por qualquer razão que não seja um vício de forma.

Pagando o cheque, o avalista adquire os direitos resultantes dele contra o garantido e contra os obrigados para com este em virtude do cheque.

CAPÍTULO IV

Da apresentação e do pagamento

ARTIGO 28.º

(Pagamento à vista)

O cheque é pagável à vista. Considera-se como não escrita qualquer menção ao contrário.

O cheque apresentado a pagamento antes do dia indicado como data da emissão é pagável no dia da apresentação.

ARTIGO 29.º

(Prazo para apresentação a pagamento)

O cheque pagável no país onde foi passado deve ser apresentado a pagamento no prazo de oito dias.

O cheque passado num país diferente daquele em que é pagável deve ser apresentado respectivamente num prazo de vinte dias ou de setenta dias, conforme o lugar de emissão e o lugar do pagamento se encontram situados na mesma ou em diferentes partes do mundo.

Para este efeito os cheques passados num país europeu e pagáveis num país à beira do Mediterrâneo, ou *vice-versa*, são considerados como passados e pagáveis na mesma parte do mundo.

Os prazos acima indicados começam a contar-se do dia indicado no cheque como data da emissão.

ARTIGO 30.º

(Data da emissão no caso de divergência de calendários)

Quando o cheque for passado num lugar e pagável noutro em que se adopte um calendário diferente, a data da emissão será o dia correspondente no calendário do lugar do pagamento.

ARTIGO 31.º

(Apresentação à câmara de compensação)

A apresentação do cheque a uma câmara de compensação equivale à apresentação a pagamento.

Artigo 32.º
(Revogação do cheque)

A revogação do cheque só produz efeito depois de findo o prazo de apresentação.

Se o cheque não tiver sido revogado, o sacado pode pagá-lo mesmo depois de findo o prazo.

Artigo 33.º
(Morte ou incapacidade do sacador)

A morte do sacador ou a sua incapacidade posterior à emissão do cheque não invalidam os efeitos deste.

Artigo 34.º
(Direito à entrega no caso de pagamento)

O sacado pode exigir, ao pagar o cheque, que este lhe seja entregue munido de recibo passado pelo portador.

O portador não pode recusar um pagamento parcial.

No caso de pagamento parcial, o sacado pode exigir que desse pagamento se faça menção no cheque e que lhe seja entregue o respectivo recibo.

Artigo 35.º
(Obrigação de verificar a regularidade da sucessão dos endossos)

O sacado que paga um cheque endossável é obrigado a verificar a regularidade da sucessão dos endossos, mas não a assinatura dos endossantes.

Artigo 36.º
(Moeda em que deve ser feito o pagamento)

Quando um cheque é pagável numa moeda que não tem curso no lugar do pagamento, a sua importância pode ser paga, dentro do prazo da apresentação do cheque, na moeda do país em que é apresentado, segundo o seu valor no dia do pagamento. Se o pagamento não foi efectuado à apresentação, o portador pode, à sua escolha, pedir que o pagamento da importância do cheque na moeda do país em que é apresentado seja efectuado ao câmbio, quer do dia da apresentação, quer do dia do pagamento.

A determinação do valor da moeda estrangeira será feita segundo os usos do lugar de pagamento. O sacador pode, todavia, estipular que a soma a pagar seja calculada segundo uma taxa indicada no cheque.

As regras acima indicadas não se aplicam ao caso em que o sacador tenha estipulado que o pagamento deverá ser efectuado numa certa moeda especificada (cláusula de pagamento efectivo numa moeda estrangeira).

Se a importância do cheque for indicada numa moeda que tenha a mesma denominação mas valor diferente no país de emissão e no de pagamento, presume-se que se fez referência à moeda do lugar de pagamento.

CAPÍTULO V

Dos cheques cruzados e cheques a levar em conta

Artigo 37.º

(Cheque cruzado. Modalidades do cruzamento)

O sacador ou o portador dum cheque podem cruzá-lo, produzindo assim os efeitos indicados no artigo seguinte.

O cruzamento efectua-se por meio de duas linhas paralelas traçadas na face do cheque e pode ser geral ou especial.

O cruzamento é geral quando consiste apenas nos dois traços paralelos, ou se entre eles está escrita a palavra "banqueiro" ou outra equivalente; é especial quando tem escrito entre os dois traços o nome do banqueiro.

O cruzamento geral pode ser convertido em cruzamento especial, mas este não pode ser convertido em cruzamento geral.

A inutilização do cruzamento ou do nome do banqueiro indicado considera-se como não feito.

Artigo 38.º

(Pagamento do cheque cruzado)

Um cheque com cruzamento geral só pode ser pago pelo sacado a um banqueiro ou a um cliente do sacado.

Um cheque com cruzamento especial só pode ser pago pelo sacado ao banqueiro designado, ou, se este é o sacado, ao seu cliente. O banqueiro designado pode, contudo, recorrer a outro banqueiro para liquidar o cheque.

Um banqueiro só pode adquirir um cheque cruzado a um dos seus clientes ou a outro banqueiro. Não pode cobrá-lo por conta doutras pessoas que não sejam acima indicadas.

Um cheque que contenha vários cruzamentos especiais só poderá ser pago pelo sacado no caso de se tratar de dois cruzamentos, dos quais um para liquidação por uma câmara de compensação.

O sacado ou o banqueiro que deixar de observar as disposições acima referidas é responsável pelo prejuízo que daí possa resultar até uma importância igual ao valor do cheque.

Artigo 39.º

(Regime do cheque a levar em conta)

O sacador ou o portador dum cheque podem proibir o seu pagamento em numerário, inserido na face do cheque transversalmente a menção "para levar em conta", ou outra equivalente.

Neste caso o sacado só pode fazer a liquidação do cheque por lançamento de escrita (crédito em conta, transferências duma conta para a outra ou compensação). A liquidação por lançamento de escrita vale como pagamento.

A inutilização da menção "para levar em conta" considera-se como não feita.

O sacado que deixar de observar as disposições acima referidas é responsável pelo prejuízo que daí possa resultar até uma importância igual ao valor do cheque.

CAPÍTULO VI

(Da acção por falta de pagamento)

Artigo 40.º

(Recusa de pagamento. Acção por falta de pagamento)

O portador pode exercer os seus direitos de acção contra os endossantes, sacador e outros coobrigados, se o cheque, apresentado em tempo útil, não for pago e se a recusa de pagamento for verificada:

1.º Quer por um facto formal (protesto);
2.º Quer por uma declaração do sacado, datada e escrita sobre o cheque, com a indicação do dia em que este foi apresentado;
3.º Quer por uma declaração datada duma câmara de compensação, constatando que o cheque foi apresentado em tempo útil e não foi pago.

Artigo 41.º

(Protesto por falta de pagamento)

O protesto ou a declaração equivalente deve ser feito antes de expirar o prazo para a apresentação.

Se o cheque for apresentado no último dia do prazo, o protesto ou a declaração equivalente pode ser feito no primeiro dia útil seguinte.

Artigo 42.º

(Aviso da falta de pagamento)

O portador deve avisar da falta de pagamento o seu endossante e o sacador, dentro dos quatro dias úteis que se seguirem ao dia do protesto, ou da declaração equivalente, ou ao dia da apresentação se o cheque contiver a cláusula "sem despesas". Cada um dos endossantes deve por sua vez, dentro dos dois dias úteis que se seguirem ao da recepção do aviso, informar o seu endossante do aviso que recebeu, indicando os nomes e endereços dos que enviaram os avisos precedentes, e assim sucessivamente até se chegar ao sacador. Os prazos acima indicados contam-se a partir da recepção do aviso precedente.

Quando, em conformidade com o disposto na alínea anterior, se avisou um signatário do cheque, deve avisar-se igualmente o seu avalista dentro do mesmo prazo de tempo.

No caso de um endossante não ter indicado o seu endereço, ou de o ter feito de maneira ilegível, basta que o aviso seja enviado ao endossante que o precede.

A pessoa que tenha de enviar um aviso pode fazê-lo por qualquer forma, mesmo pela simples devolução do cheque.

Essa pessoa deverá provar que o aviso foi enviado dentro do prazo prescrito. O prazo considerar-se-á como tendo sido observado desde que a carta contendo o aviso tenha sido posta no correio dentro dele.

A pessoa que não der o aviso dentro do prazo acima indicado, não perde os seus direitos. Será responsável pelo prejuízo, se o houver, motivado pela sua negligência, sem que a responsabilidade possa exceder o valor do cheque.

Artigo 43.º

(Cláusula que dispensa o protesto)

O sacador, um endossante ou um avalista pode, pela cláusula "sem despesas", "sem protesto", ou outra cláusula equivalente, dispensar o portador de estabelecer um protesto ou outra declaração equivalente para exercer os seus direitos de acção.

Essa cláusula não dispensa o portador da apresentação do cheque dentro do prazo escrito nem tão-pouco dos avisos a dar. A prova da inobservância do prazo incumbe àquele que dela se prevaleça contra o portador.

Se a cláusula for escrita pelo sacador, produz os seus efeitos em relação a todos os signatários do cheque; se for inserida por um endossante ou por um avalista, só produz efeito em relação a esse endossante ou avalista. Se, apesar da cláusula escrita pelo sacador, o portador faz o protesto ou a declaração equivalente, as respectivas despesas serão de conta dele. Quando a cláusula emanar de um endossante ou de um avalista, as despesas do protesto, ou de declaração equivalente, se for feito, podem ser cobradas de todos os signatários do cheque.

Artigo 44.º

(Responsabilidade solidária dos signatários)

Todas as pessoas obrigadas em virtude de um cheque são solidariamente responsáveis para com o portador.

O portador tem o direito de proceder contra essas pessoas, individual ou colectivamente, sem necessidade de observar a ordem segundo a qual elas se obrigaram.

O mesmo direito tem todo o signatário dum cheque que o tenha pago.

A acção intentada contra um dos co-obrigados não obsta ao procedimento contra os outros, embora esses se tivessem obrigado posteriormente àquele que foi accionado em primeiro lugar.

Artigo 45.º

(Direitos do portador contra o demandado)

O portador pode reclamar daquele contra o qual exerceu o seu direito de acção:

1.º A importância do cheque não pago;
2.º Os juros à taxa de 6 por cento desde o dia da apresentação;
3.º As despesas do protesto ou da declaração equivalente, as dos avisos feitos e as outras despesas.

Artigo 46.º

(Direitos de quem pagou)

A pessoa que tenha pago o cheque pode reclamar daqueles que são responsáveis para com ele:

1.º A importância integral que pagou;
2.º Os juros da mesma importância, à taxa de 6 por cento, desde o dia em que a pagou;
3.º As despesas por ele feitas.

Artigo 47.º
(Direito à entrega do cheque pago)

Qualquer dos co-obrigados, contra o qual se intentou ou pode ser intentada uma acção, pode exigir, desde que reembolse o cheque, a sua entrega com o protesto ou declaração equivalente e um recibo.

Qualquer endossante que tenha pago o cheque pode utilizar o seu endosso e os endossos dos endossantes subsequentes.

Artigo 48.º
(Prorrogação dos prazos no caso de força maior)

Quando a apresentação do cheque, o seu protesto ou a declaração equivalente não puder efectuar-se dentro dos prazos indicados por motivo de obstáculo insuperável (prescrição legal declarada por um Estado qualquer ou outro caso de força maior), esses prazos serão prorrogados.

O portador deverá avisar imediatamente do caso de força maior o seu endossante e fazer menção datada e assinada desse aviso no cheque ou na folha anexa; para o demais aplicar-se-ão as disposições do artigo 42.º.

Desde que tenha cessado o caso de força maior, o portador deve apresentar imediatamente o cheque a pagamento e, caso haja motivo para tal, fazer o protesto ou uma declaração equivalente.

Se o caso de força maior se prolongar além de quinze dias a contar da data em que o portador, mesmo antes de expirado o prazo para a apresentação, avisou o endossante do dito caso de força maior, podem promover-se acções sem que haja necessidade de apresentação, de protesto ou de declaração equivalente.

Não são considerados casos de força maior os factos que sejam de interesse puramente pessoal do portador ou da pessoa por ele encarregada da apresentação do cheque ou de efectivar o protesto ou a declaração equivalente.

CAPÍTULO VII

Da pluralidade dos exemplares

Artigo 49.º

(Admissibilidade de vários exemplares)

Exceptuando o cheque ao portador, qualquer outro cheque emitido num país e pagável noutro país ou numa possessão ultramarina desse país, e *vice-versa*, ou ainda emitido e pagável na mesma possessão ou em diversas possessões ultramarinas do mesmo país, pode ser passado em vários exemplares idênticos.

Quando um cheque é passado em vários exemplares, esses exemplares devem ser enumerados no texto do próprio título, pois de contrário cada um será considerado como sendo um cheque distinto.

Artigo 50.º

(Efeito do pagamento dum dos exemplares)

O pagamento efectuado contra um dos exemplares é liberatório, mesmo quando não esteja estipulado que este pagamento anula o efeito dos outros.

O endossante que transmitiu os exemplares do cheque a várias pessoas, bem como os endossantes subsequentes, são responsáveis por todos os exemplares por eles assinados que não forem restituídos.

CAPÍTULO VIII

Das alterações

Artigo 51.º

(Consequências da alteração do texto)

No caso de alteração do texto dum cheque, os signatários posteriores a essa alteração ficam obrigados nos termos do texto alterado; os signatários anteriores são obrigados nos termos do texto original.

CAPÍTULO IX
Da prescrição

Artigo 52.º
(Prazo de prescrição)

Toda a acção do portador contra os endossantes, contra o sacador ou contra os demais coobrigados prescreve decorridos que sejam seis meses, contados do termo do prazo de apresentação.

Toda a acção de um dos co-obrigados no pagamento de um cheque contra os demais prescreve no prazo de seis meses, contados do dia em que ele tenha pago o cheque ou do dia em que ele próprio foi accionado.

Artigo 53.º
(Efeito da interrupção da prescrição)

A interrupção da prescrição só produz efeito em relação à pessoa para a qual interrupção foi feita.

CAPÍTULO X
Disposições gerais

Artigo 54.º
(Significado da palavra banqueiro)

Na presente lei a palavra "banqueiro" compreende também as pessoas ou instituições assimiladas por lei aos banqueiros.

Artigo 55.º
(Prorrogação do prazo que finde em dia feriado)

A apresentação e o protesto dum cheque só podem efectuar-se em dia útil.

Quando o último dia do prazo prescrito na lei para a realização dos actos relativos ao cheque, e principalmente para a sua apresentação ou estabelecimento do protesto ou dum acto equivalente, for feriado legal, esse prazo é prorrogado até ao primeiro dia útil que se seguir ao termo do mesmo. Os dias feriados intermédios são compreendidos na contagem do prazo.

ARTIGO 56.º

(Contagem do prazo)

Os prazos previstos na presente lei não compreendem o dia que marca o seu início.

ARTIGO 57.º

(Inadmissibilidade de dias de perdão)

Não são admitidos dias de perdão, quer legal quer judicial.

ÍNDICE

PREFÁCIO 5

NOTA DE APRESENTAÇÃO 9

PARTE I

AS OBRIGAÇÕES ESPECIAIS DOS COMERCIANTES

CAPÍTULO I. As Obrigações especiais dos comerciantes 17

CAPÍTULO II. Registo comercial 21

CAPÍTULO III. A escrituração mercantil 27

CAPÍTULO IV. Balanço e contas 41

PARTE II

A PROPRIEDADE COMERCIAL.
(O ESTABELECIMENTO COMERCIAL, OS TÍTULOS DE CRÉDITO MERCANTIS E OS DIREITOS DE PROPRIEDADE INDUSTRIAL)

CAPÍTULO I. O estabelecimento comercial 47

CAPÍTULO II. Os Títulos de crédito mercantis 59

CAPÍTULO III. Os direitos de propriedade industrial 113

ANEXOS

LEI DA PROPRIEDADE INDUSTRIAL
LEI N.º 3/92 DE 28 DE FEVEREIRO

CAPÍTULO I. Disposições gerais 150

CAPÍTULO II. Invenções 150
CAPÍTULO III. Modelos de utilidade e desenhos e modelos industriais ... 155
CAPÍTULO IV. Marcas 159
CAPÍTULO V. Recompensas 164
CAPÍTULO VI. Nome e insígnia do estabelecimento 166
CAPÍTULO VII. Indicações de proveniência 169
CAPÍTULO VIII. Disposições comuns 170
CAPÍTULO IX. Infracções dos direitos de propriedade industrial 171
CAPÍTULO X. Disposições finais e transitórias 173

LEI DAS ACTIVIDADES COMERCIAIS
LEI N.º 1/07 DE 14 DE MAIO

CAPÍTULO I. Das Disposições Gerais 180

    SECÇÃO I. Do Objecto e Âmbito de Aplicação 180

    SECÇÃO II. Dos Comerciantes 186

    SECÇÃO III. Da Rede Comercial e de Prestação de Serviços Mercantis 187

    SECÇÃO IV. Da Classificação das Actividades Comerciais 188

    SECÇÃO V. Das Modalidades e Vendas Especiais 189

CAPÍTULO II. Das Condições de Exercício da Actividade Comercial. 190

    SECÇÃO I. Licenciamento da Actividade Comercial 190

    SECÇÃO II. Da Actividade Comercial Externa 192

    SECÇÃO III. Dos Documentos de Licenciamento 192

    SECÇÃO IV. Das Taxas e Emolumentos 193

    SECÇÃO V. Da Oferta, dos Preços e Garantias 193

CAPÍTULO III. Do Cadastro Comercial 195

CAPÍTULO IV. Do Ordenamento Territorial dos Estabelecimentos Comerciais 195

    SECÇÃO I. Do Urbanismo Comercial e Localização dos Estabelecimentos 195

    SECÇÃO II. Horários de Abertura e Encerramento 196

CAPÍTULO V. Da Actuação Pública Sobre a Actividade Comercial 197

CAPÍTULO VI. Sistema Sancionatório 199
    SECÇÃO I. Das Infracções e Sanções 199
    SECÇÃO II. Da Competência e Procedimentos Administrativos .. 204
CAPÍTULO VII. Das Disposições Finais 205

ANEXO I – Classificação das actividades económicas (C.A.E.) ramo de
    actividades 206

ANEXO II – Lista de classes e subclasses de mercadorias 209

ANEXO III – Taxas e emolumentos pela emissão e atribuição do alvará
    comercial 212

ANEXO IV – Taxas e emolumentos do licenciamento da actividade comer-
    cial interna e do registo e inscrição de importadores e expor-
    tadores 213

LEI UNIFORME RELATIVA A LETRAS E LIVRANÇAS

TÍTULO I. Das letras 215
    CAPÍTULO I. Da emissão e forma da letra 215
    CAPÍTULO II. Do endosso 218
    CAPÍTULO III. Do aceite 219
    CAPÍTULO IV. Do aval 223
    CAPÍTULO V. Do vencimento 224
    CAPÍTULO VI. Do pagamento 226
    CAPÍTULO VII. Da acção por falta de aceite e falta de pagamento 228
    CAPÍTULO VIII. Da intervenção 233
    CAPÍTULO IX. Da pluralidade de exemplares e das cópias 236
    CAPÍTULO X. Das alterações 238
    CAPÍTULO XI. Da prescrição 239
    CAPÍTULO XII. Disposições gerais 239
TÍTULO II. Da livrança 240

LEI UNIFORME RELATIVA AO CHEQUE

CAPÍTULO I. Da emissão e forma do cheque 243

CAPÍTULO II. Da Transmissão... 246

CAPÍTULO III. Do aval... 250

CAPÍTULO IV. Da apresentação e do pagamento............................. 251

CAPÍTULO V. Dos cheques cruzados e cheques a levar em conta 253

CAPÍTULO VI. Da acção por falta de pagamento 255

CAPÍTULO VII. Da pluralidade dos exemplares 259

CAPÍTULO VIII. Das alterações... 259

CAPÍTULO IX. Da prescrição... 260

CAPÍTULO X. Disposições gerais 260